大相撲立行司の
名跡と総紫房

根間弘海
Nema Hiromi

専修大学出版局

本書を妻尚子に献呈する。

現在入院中。早く回復するように！

まえがき

　本書は主として大相撲の行司に関する話題を扱っている。話題は大きく分けて6種類である。

- （1）第1章から第3章までは立行司の紫房に関するもの。
- （2）第4章は大正期の立行司に関するもの。
- （3）第5章は立行司の裁く番数に関するもの。
- （4）第6章は16代木村庄之助と木村松翁に関するもの。
- （5）第7章は現在の行司に関するもの。
- （6）第8章は横綱土俵入りの露払いと太刀持ちの登場や控えの位置に関するもの。

　第1章から第7章までは行司に関するテーマである。第8章は行司と直接関係がないテーマを扱っている。各章ともそれぞれ独立したテーマであり、それぞれが完結した論考となっている。したがって、興味のあるテーマなど、どの章からでも読んでよい。ただ第1章から第3章までは紫房を集中的に扱っているので、順序よく読んだほうがよいかもしれない。しかし、必ずしもその順序に従う必要はない。
　つぎに、各章のテーマとそこでどんなことを論じているか、その概要を記しておく。

第1章　紫白房と准紫房

　明治43年（1910）5月以前の紫房には、厳密には、紫白房と准紫房があ

る。紫白房と准紫房を厳密に区別しないときは、一括りに紫房と呼ぶことが多い。行司の中には紫白だけを許され、准紫を許されなかった者もいる。准紫を許された場合でも、いつその房色に変わったのかわからないこともある。本章では、准紫を許される前に紫白房を使用していたという立場だが、そうでないとする立場もあるかもしれない。つまり、朱房からいきなり准紫を授与されたとする立場である。どれが真実かは明白でないが、本章では朱房から紫白房を経て、さらに准紫を授与されたと理解している。そういう立場から、特に15代木村庄之助、16代木村庄之助、6代木村瀬平の紫白房や准紫がいつ頃授与されたかを調べている。すなわち、いつ紫白房を授与され、いつ准紫房を授与されたかを調べるのである。その年月を確定するには文字資料と錦絵をともに活用している。それでも、どうしても具体的な年月を確定できない行司も中にはいる。それが誰であるかは本章の中で指摘してある。

第2章　錦絵と紫房

　明治43年（1910）5月以前は立行司であっても襲名と同時に紫房を授与されたわけではない。中には朱房のままで終わった者もいる。また紫房を授与されてもその期日は定まっていたわけではない。何を基準にして授与したかもわからない。本章では、紫房が授与された行司に限定し、それがいつ授与されたかを絵図資料を中心に考察することである。ここでいう絵図資料とは、具体的には錦絵となる。明治30年以前は紫房授与の年月の確定に文字資料よりも絵図資料が役立つことがある。もちろん、絵図資料と文字資料が相互に補完的な場合もあるし、文字資料が絵図資料より役立つ場合もある。具体的には、たとえば9代木村庄之助は文政9年には紫白房を授与されているが、明治期以降、その紫白房授与はほとんど無視されている。錦絵でそれが確認できれば、実際に授与されていたことになる。

まえがき

第3章　総紫の出現

　木村庄之助の軍配の房色は現在、総紫である。この総紫はいつ頃から使われ出したのだろうか。総紫の前に使用されていたのは准紫、すなわち、紫糸の中に白糸が1ないし3本くらい混じっていた房である。この准紫は三木・山田編『相撲大観』（M35）でも確認できる。それではいつ頃准紫の代わりに総紫が使用されたのだろうか。明治43年5月に行司装束の改正が実施されたが、そのときには木村庄之助の房色は総紫になっていた。そうなると、総紫になったのは明治35年から明治43年5月の間ということになる。もっと具体的に准紫から総紫に変わった年月を特定できないだろうか。それを裏づける資料はないだろうか。本章ではそれをめぐって論じ、多くの新聞資料を調べ、1つの結論を出している。総紫は明治43年1月頃に決定され、5月から正式に使用されたというものである。5月には新しい行司装束の着用も始まったが、それと同時に総紫も使用されたのである。

第4章　大正期の立行司

　大正期には立行司の昇格が遅れたり、立行司が一夜で辞職したり、三番手の行司が式守伊之助を経験せずいきなり木村庄之助を襲名したりしている。そのような立行司昇格の遅延や飛び越し昇格などをめぐって当時の新聞がその理由を記事にしている。また、6代式守与太夫は大正15年（1926）に式守伊之助に昇格しているが、それが1月なのか、それとも5月なのかあいまいである。それについても当時の状況を調べることにした。大正期で珍しい話題と言えば、やはり怨霊の祟りである。この怨霊の話は迷信にすぎないことを知っていながら、協会側も理解を示し、木村誠道が心変わりするのをしばらく静観している。14代式守伊之助が番付に記載されながら、場所直前に急死したことも怨霊の祟りとして格好の話題となっている。昭和になってもこの怨霊の話は出てくる。たとえば、19代式守伊之助はこの怨霊を慰める

v

ために式守家と縁のあるお寺で供養を行っている。

第5章　立行司の裁く番数

　昭和46年（1971）12月に協会側と行司側に意見の対立があり、行司側は2日間のストライキを行った。意見の対立はいくつかあったが、その1つに立行司の裁く番数があった。協会は木村庄之助にも2番裁かせようとしたが、行司側はそれに反対し、従来どおり1番だけ裁かせるべきだと主張した。行司側によれば、江戸の昔から木村庄之助は結びの1番だけ裁いてきたのに、2番裁かせるのは木村庄之助の権威を貶めるものだ。1番裁くのは立行司の権威のシンボルであり、2番裁くのはその権威を失墜させることになる。しかし、歴史的に見て、その主張には問題がある。というのは、木村庄之助は昭和9年（1934）頃まで結びの1番だけを裁いていたわけでないからである。それまでは、2番裁いていたこともあるのである。いや、それ以上の番数を裁いていたかもしれない。本章では、大正14年（1925）5月以降の取組表を丹念に調べ、木村庄之助は昭和9年頃まで結びの1番だけを裁いていたのではないことを提示する。

第6章　16代木村庄之助と木村松翁

　16代木村庄之助は明治42年（1909）頃から身体的衰えが目立ち、引退の話がささやかれるようになった。辞めると経済的困窮に陥ることが確かだったので、それを何とか救う手立てはないものかと協会側も苦慮している。その1つが年寄名跡木村松翁を復活し、それを襲名させることだった。本章では、当時の新聞記事を活用しながら、結果的に名跡は授与されなかったと結論づけている。なお、明治33年（1900）1月、16代庄之助が木村松翁を襲名したという指摘がある。もしそれが正しい指摘であれば、42年頃までにその襲名は返上されていなければならない。そうでなければ、42年以降にその名跡を授与しようという動きが出るはずがないからである。そのため本章

vi

では、明治33年1月に名跡木村松翁が16代庄之助に授与されたのか、そしてそれがいつ返上されたのかに関してはほとんど触れていない。

第7章　行司の現況

　この章では現在（平成29年1月場所）の行司に関連あるトピックをいくつかピックアップし、それに関する資料を提示している。特別に新しいことを論じているわけでもない。事例をそのまま提示してあるだけである。本章に提示した資料は、将来、過去を振り返ったときに貴重な資料となるはずだという思いがある。私自身が行司の過去を調査研究しているとき、このような資料に巡り合えて嬉しい思いを幾度も経験してきた。現時点では何も意味をなさないように見える資料が将来は貴重な資料になるかもしれない。そういう思いで、現在の行司の状況をいくつかの項目に仕分けし、その資料を提示することにした。もちろん、この記録がどのように役立つかはわからない。いつまでたっても何の役にも立たないかもしれない。

第8章　露払いと太刀持ち

　横綱土俵入りは寛政元年11月本場所の7日目に始まっているが、そのとき、現在のように露払いと太刀持ちの2人を同伴したのだろうか。これまでは多くの文献で2人とも同伴したとされているが、本章では太刀持ちだけを同伴したと指摘している。寛政3年6月の上覧相撲では露払いと太刀持ちを同伴しているが、横綱土俵入りをしている間、介添えの2人はともに土俵下で控えていた。しかも、太刀持ちは現在と異なり、太刀を携帯していなかった。本場所でいつ頃から露払いが同伴するようになったのかは、今のところ、不明である。明確に確認できるのは阿武松の横綱土俵入りを描いた錦絵であり、それは文政末期である。寛政期の谷風や小野川の横綱土俵入りで露払いも同伴したことを確認できる資料はまだ見当たらない。また、錦絵を見る限り、秀ノ山の横綱土俵入りまでは2人の介添えは土俵下で控えたり土俵

vii

上で控えたりしている。なぜそのような錦絵があるのか、今のところ、明確な理由は見当たらない。2人の介添えが現在のように土俵上で控えるようになったのは、雲龍以降である。陣幕土俵入りの錦絵が事実を正しく描いていれば、鬼面山以降になる。本章では、これまであまり詳しく扱われてこなかった土俵入りの様式について、錦絵や写本を参考にしながら、これまでと異なる指摘をしている。

　本書の出版に際しては原稿の段階で大相撲談話会のメンバーである多田真行さんに大変お世話になった。各章をある程度まとめた段階で読んでもらい、率直で適切なコメントをいただくことができた。ここに改めて感謝の意を表しておきたい。

　原稿が本になるには出版社と編集者にお世話になるが、今度もこれまで同様に専修大学出版局の笹岡五郎編集長と真下恵美子編集者に随分お世話になった。特に真下女史には表現やレイアウトなど細かいところにも気を配っていただいた。お二人のご尽力がなかったならば、本書は世に出なかったかもしれない。改めて感謝の意を表しておきたい。

viii

目　次

まえがき ……………………………………………………… *iii*

第1章　紫白房と准紫房 …………………………………… *1*

1. 本章の目的　*1*
2. 15代木村庄之助の紫房　*4*
   - 2.1　錦絵と紫房　*4*
   - 2.2　新聞記事に見る紫房　*6*
   - 2.3　明治30年の准紫房　*10*
3. 16代木村庄之助の紫房　*15*
4. 6代木村瀬平の紫房　*19*
5. 9代木村庄之助　*23*
6. 13代木村庄之助の紫白　*24*
7. 6代式守伊之助　*28*
8. 14代木村庄之助　*30*
9. 8代式守伊之助　*31*
10. 結び　*33*

第2章　錦絵と紫房 …………………………………… *35*

1. 本章の目的　*35*
2. 9代木村庄之助の紫房　*36*
3. 13代木村庄之助の紫房　*40*
4. 6代式守伊之助の紫房　*42*

5. 14代木村庄之助の紫房　　*45*

6. 15代木村庄之助の紫房　　*50*

7. 今後の課題　　*56*

第3章　総紫の出現 ··· **59**

1. 本章の目的　　*59*

2. 准紫の確認　　*61*

3. 紫白打交紐　　*63*

4. 行司装束改正　　*65*

5. 階級色の決定　　*71*

6. 免許状の文面　　*73*

7. 今後の課題　　*75*

【資料1】房色の変更　　*77*

【資料2】明治36年5月の行司名鑑　　*78*

第4章　大正期の立行司 ·· **81**

1. 本章の目的　　*81*

2. 木村誠道と式守伊之助　　*83*

3. 17代木村庄之助の辞職　　*90*

4. 木村庄之助と式守与太夫の昇格　　*94*

5. 大正末期の立行司　　*95*

6. 結び　　*97*

第5章　立行司の裁く番数 ·· **101**

1. 本章の目的　　*101*

2. 行司側の言い分　　*105*

目　次

　3.　上覧相撲と天覧相撲　*109*
　　　3.1　江戸時代の上覧相撲　*109*
　　　3.2　明治以降の天覧相撲　*111*
　　　3.3　大正時代　*113*
　　　3.4　昭和時代　*114*
　4.　取組表の行司名記載　*115*
　　　4.1　大正14年5月　*116*
　　　4.2　昭和3年5月　*118*
　　　4.3　昭和9年1月　*118*
　　　4.4　昭和9年5月　*119*
　　　4.5　昭和27年9月　*120*
　　　4.6　昭和35年1月　*121*
　5.　結び　*122*
　【資料】大正14年以降の裁いた番数　*123*

第6章　16代木村庄之助と木村松翁 ································ *135*
　1.　本章の目的　*135*
　2.　16代庄之助の体力が衰える　*136*
　3.　16代庄之助は引退せず　*137*
　4.　16代庄之助は木村松翁を襲名したか　*138*
　5.　16代庄之助の行司歴　*145*
　【資料】6代木村瀬平の行司歴　*148*

第7章　行司の現況 ································ *153*
　1.　本章の目的　*153*
　2.　行司一覧表　*154*
　3.　付き人表　*156*

xi

4. 本場所の役割分担表　*158*

5. 番付書き　*161*

6. 改名した行司　*164*

   6.1　式守伊之助　*164*

   6.2　式守勘太夫　*164*

   6.3　木村容堂　*165*

   6.4　式守与之吉　*165*

   6.5　式守錦太夫　*167*

   6.6　木村銀治郎　*167*

   6.7　式守慎之助　*167*

   6.8　木村善之輔　*168*

7. 軍配　*168*

   7.1　軍配の握り　*168*

   7.2　軍配の形　*169*

   7.3　軍配房　*170*

8. 本場所以外での仕事　*171*

第8章　露払いと太刀持ち ……………………………… *173*

1. 本章の目的　*173*

2. 寛政元年11月の本場所　*175*

3. 寛政元年11月から3年4月までの本場所　*177*

4. 寛政3年6月の上覧相撲　*181*

5. 本場所の露払いの登場　*186*

6. 土俵下と土俵上の待機　*189*

7. 太刀持ちと露払いの座位　*195*

8. 今後の課題　*198*

目　次

参考文献 ……………………………………………… **201**

あとがき ……………………………………………… 205

拙著と拙稿 …………………………………………… 212

索引 …………………………………………………… *216*

カバー絵について
　蜂須賀国明筆「勧進大相撲取組之図」
　明治11年5月場所（錦絵の力士名の順序と番付が一致する）
　境川と梅ケ谷の取組（番付では空欄になっている）
　行司・14代木村庄之助（二番手。首席は式守伊之助だった）
　行司の房色・朱（推測。絵では房色を確認できない）

xiii

第1章　紫白房と准紫房

1. 本章の目的[1]

　明治期の新聞記事や本では紫白房と准紫房を区別することなく、一括りにして紫房という呼び方をしている場合が圧倒的に多い。紫房と書いてある場合、それが紫白房なのか、それとも准紫房なのかは必ずしも明らかではない。本章では、紫房の中の紫白房と准紫房に焦点を絞り、それがそれぞれの行司にいつごろ授与されたかを調べる。本章の目的を具体的に示すと、次のようになる。

(1) 紫房には紫白房と准紫房があったが、免許状の紫白打交紐は文字どおり紫白房だったのか。准紫房はどのような手続きで許しがあったのか。それを裏づける資料はあるのか。

(2) 15代木村庄之助が明治31年（明治30年：本章）に初めて准紫を許された行司だと文献などに書かれている[2]。それは事実に即しているだろうか。また、15代庄之助以前に准紫房を使用した行司はいなかったか。

---

1) 本章は拙著『大相撲立行司の軍配と空位』（H29）の第1章「紫房の異種」の補足説明である。最近、新しい資料が見つかったので、特に13代木村庄之助と15代木村庄之助の紫房の使用年月についての加筆修正をしている。内容的に重なることから、引用する箇所だけでなく説明も重なっていることがある。

1

（3） 15代木村庄之助は准紫房を使用している。その准紫房は最初から許されたものなのか、それともその前に紫白房を使用していたのか。

（4） 16代木村庄之助と6代木村瀬平はいつ准紫房を許されたのか。その具体的な年月を確認できる資料はあるのか。

（5） 8代式守伊之助は明治30年1月場所7日目に紫房を許されている。それは准紫房だったのか、それとも紫白房だったのか。

（6） 江戸時代にも紫房を許されている行司が何人かいる。その紫房には紫白房と准紫房があったのだろうか、それとも紫白だけだったのだろうか。

説明の便宜上、紫房の異種をいくつか示す。

・**総紫（房）：** 紫糸だけの房。白糸がまったく混じっていない房。明治43年（1910）5月の行司装束改正のときに階級色を報じた写真付きの新聞記事で確認できるが、5月以前の新聞記事にも見られる。たとえば『読売新聞』の「角界雑組」（M43.2.9）や『都新聞』の「庄之助の跡目」（M43.4.29）などでは、木村庄之助は紫、式守伊之助は紫白というように房色が区別されている[3]。『東京朝日新聞』の「行司木村家と式守家」

2） 15代木村庄之助は明治30年9月に亡くなっているが、不思議なことに、文献では亡くなった翌年（つまり明治31年）に准紫が授与されたとしている。そのため本書では、この「明治31年」は「明治30年」のことを指していると解釈している。亡くなった後で准紫が許されたとするのは不自然だからである。

3） この紫が総紫だという確証はないが、伊之助の紫白と対比されていることから、庄之助の紫には白糸がまったく混じっていないと判断して間違いない。それまで使用していた准紫を総紫に変えたのがいつだったのかとなると、その具体的な年月はまだ不明である。しかし、明治43年2月の時点ではすでに階級色としての総紫は決まっていたはずだ（『時事新報』（M43.2.9）の「相撲界〈行司の装束〉」）。本場所でそれが使用されていたならば、43年1月本場所ということになる。国技館開館は42年6月で、総紫は43年2月までには決まっている。43年5月には直垂の菊綴じや露紐が階級色と一致した行司の装束姿の写真がいくつかの新聞に掲載されている。

第1章　紫白房と准紫房

（M41.5.19）には両家に紫白打交紐を授与するという表現があることから、当時はまだ総紫は現れていない。明治42年6月の国技館以後に行司装束を変える過程で装束の菊綴じや露紐などの飾り紐と階級色の一致も検討されたようだ。

・准紫（房）：　紫糸の中に白糸が1本ないし3本くらい混じった房。白糸の数は厳密な数でないことから、全体として総紫でないことを表していたのかもしれない[4]。『読売新聞』の「西の海の横綱と木村庄之助の紫紐」（M25.6.8）から明治25年には准紫房の使用を確認できるが、文脈からその前にもすでに使用していたことがわかる[5]。いつから使用したのか、その具体的な年月はわからない。

・紫白（房）：　紫糸の中に白糸が少数混じった房。准紫房でもないし、半々紫白でもない中間の房。白糸の割合はわからないが、准紫よりは多かったに違いない。司家の行司免許状の紫白打交紐がこれに相当する。この紫白（房）と同義で真紫白（房）が使われることもあるが、本章では真紫白（房）をほとんど使っていない。明治30年代までは半々紫白（房）がなく、それと区別する必要がないからである。

・半々紫白（房）：　紫糸と白糸が半々くらい混じった房。これがはっきりわかるのは明治末期の准立行司の軍配房である。明治末期に初めて現れたのか、それともそれ以前からあったのかは定かでない。もし以前からあったとすれば、吉田司家の正式な免許を受けない黙許の行司が使用

---

4)　文献によって具体的に1、2本というのもあるし、2、3本というのもある。白糸の数を記してある文献としては、たとえば『読売新聞』（M25.6.8／M30.2.10）、山田・三木編『相撲大観』（M35、p.300）、北川著『相撲と武士道』（M44、p.172）などがある。明治25年以前の文献で白糸の数を具体的に記したものは見たことがないが、総紫でないことを表す数なのできっと見つかるはずだ。私がたまたま資料を見ていないだけだという気がする。

5)　横綱「西ノ海」は番付にあるように「西ノ海」が正しいはずだが、文献ではときどき「西の海」も使われている。そのため本書でも「西ノ海」と「西の海」を使用している。呼称なので、厳密には「西ノ海」を使用するのが正しい。

したのかもしれない。今のところ、それを裏づける資料をまだ見ていない。いずれにしても、木村庄之助と式守伊之助に続く第3の准立行司は昭和35年までこの半々紫白だった[6]。

本章では明治30年代までの准紫と紫白を対象にしているので、総紫と半々紫白は扱わない。准紫房の場合、白糸が少ないのでその数を数えて混ぜたかもしれないが、紫白房の場合は見た目で適当に混ぜ合わせたかもしれない。現在でも式守伊之助の紫白房には白糸が混じっているが、その割合は必ずしも定まっているわけではない。1本の房の両側に白糸は20本ぐらいずつ一塊になっているが、その数は適当な数だという[7]。

2. 15代木村庄之助の紫房

2.1 錦絵と紫房

15代木村庄之助の紫房は次の錦絵で確認できる。

① 明治20年（1887）2月届、「華族会館角觝之図」、国明筆、松本平吉版。相撲博物館所蔵。
　　この相撲は本場所直後の2月に行われていることから、紫房は1月場所にはすでに許されていたに違いない。明治19年5月場所から20年1月の間に許されたかもしれないが、本場所は20年1月とするのが正し

---

6) 最初に半々紫白が許されたのは明治44年2月である（『読売新聞』（M44.2.22））。それ以前の第三席立行司であった木村庄三郎は式守伊之助と同様に真紫白だった（『時事新報』（M38.5.15））。

7) 軍配房の糸の数や房の長さなどに関しては拙著『大相撲の歴史に見る秘話とその検証』（H25）の第5章「軍配房の長さ」でも扱っている。房の数や長さには「いわれ」があるらしいが、それを守っている行司は現在ほとんどいない。

4

第1章　紫白房と准紫房

いはずだ。

② 明治21年4月届、「弥生神社天覧角觝之図」、国明筆、松本平吉版。相
撲博物館所蔵。

明治19年以前は赤房である。それは、たとえば、次の資料でも確認でき
る。

③ 明治18年6月届、錦絵「横綱梅ケ谷の土俵入り」、国明画、出版人山
本与市。相撲博物館所蔵。

④ 塩入編『相撲秘鑑』（M19.3）
「団扇は真紅の紐を用いるは甚だ重きこととなし来たりたるものに
て、昔は木村庄之助、式守伊之助の二人のみしが、〔中略〕今にては
前のごとく木村、式守の二人のみなり」（p.30)[8]

⑤ 明治19年5月、「宿禰神社祭典大相撲之図」、剣山と大達の取組、国明
画、大黒屋出版[9]。相撲博物館所蔵／『国技相撲の歴史』（S52.10、
pp.132-3）。
木村庄之助の房色は朱である。帯が紫色なので、それを房色と見間違
えそうだが、軍配の下や帯の端が朱色で描かれている。

---

8) 明治期や江戸期の文献から引用するとき、読みやすさを図るため表記や字句を少し変
えることがある。正確な原文に関心がある場合は、元の文献に直接あたるこを勧め
る。これは本章だけでなくすべての章に当てはまる。（〔　〕内は著者による補足。）
9) この錦絵はこの原稿を書き終えてからずっと後に偶然見つけたものである。明治19
年5月に15代庄之助が紫だったかどうかはそれまでずっと不明だった。原稿を書き終
えた後で新しい資料が見つかるのは幸運だったが、そのために原稿を加筆修正するの
に苦労した。古い相撲を扱っていると、ときどきこのような経験をすることがある。
エピソードとして記しておきたい。

5

これらの錦絵や文字資料に基づけば、15代庄之助の紫は明治20年1月場所に許されたと判断して間違いないはずだ。この紫は厳密には紫白だったに違いない。明治25年3月の熊本興行中、横綱土俵入りのときに准紫を特別に使用していることから、20年1月には紫白だったに違いない。すでに准紫を授与されていたのならば、熊本興行中にそれを堂々と使用していたはずだ[10]。

2.2　新聞記事に見る紫房

　15代木村庄之助の紫房について述べてある新聞記事がある。

⑥『読売新聞』の「西の海の横綱と木村庄之助の紫紐」(M25.6.8)[11]
　「木村庄之助は代々家柄に依り軍扇に紫紐を用いるといえども（但し白2、3本打交ぜありという）、熊本興行中は司家に対し相憚り紫白打交ぜの紐を用いたりしもこの日〔4月7日：本章〕西ノ海の位に伴われ横綱方屋入り〔土俵入り：本章〕を曳きゆる行司なればとて、当日限り紫紐の允許あり。続いて同興行中は苦しからずとの特許ありたるため自然黙許のごとくなりたるが、今回の両国大場所も同じく紫紐を用いる由〔後略〕」

⑦『読売新聞』の「相撲行司木村庄之助死す」(M30.9.24)

---

10)　15代庄之助は明治25年以前にも准紫房を使用していたが、いつ頃からその使用を始めたのかははっきりしない。西ノ海が横綱になったのが明治23年3月なので、その頃から使用したのかもしれない。今のところ、具体的な年月を裏づける資料を見ていない。

11)　15代木村庄之助が准紫を黙許されたのは『読売新聞』(M25.7.15)の「寸ある力士は太刀冠りに頭を打つ」にも述べられている。6月本場所で木村庄之助が准紫を使用していたことは述べられていないが、7月にこの記事は書かれていることと、文脈から6月場所でも紫房を使用していたに違いない。（〔 〕内は著者による補足。）

第1章　紫白房と准紫房

「〔木村庄之助は：本章〕明治16年中15代目庄之助を継続し、縮緬熨
斗目麻上下着用、木刀帯用、紫紐房携帯を許され、〔後略〕」[12]

この記事から次のことがわかる。

(1) 2種類の紫房

　　白糸が2、3本混じった准紫房と少数混じった紫白打交房である。15
代木村庄之助は熊本以外の興行や本場所では准紫房を使用していたよ
うだ。これは黙許である。熊本興行中は司家に遠慮し紫白房を使用し
ていたが、横綱土俵入りには特別の許しを受けて准紫房を使用してい
る。残りの熊本興行中も准紫房を使用してよいという司家の許し（つ
まり允許：本章）があったので、それをそのまま使用した[13]。5月本
場所でも司家の許しはなかったが、その准紫房を継続して使用してい
る。おそらくその後もずっとその准紫房を使用したに違いない。明治
25年の資料にもそれを確認できるし、明治30年当時の新聞記事等で
も確認できるからである（たとえば『読売新聞』の「式守伊之助と紫紐
の帯用」（M30.2.10））。

(2) もともとの紫房

　　15代木村庄之助は普段は准紫房を使用していたが、熊本興行中は横

---

12)　この木村庄之助（15代）が紫房を許されたのは明治20年1月本場所である。それま
　　では朱（または赤）だった。番付に木村庄之助として記載されたのは明治18年5月
　　である。

13)　允許は正式な免許ではなく、一時的な臨時の許しであるらしい。司家の了解のもと
　　で、協会が独自に出す免許も一種の允許である。司家の正式な免許状とは異なるの
　　で、黙許でもある。新聞記事や本などでは「許し」という表現がよく使われてお
　　り、それが免許なのか、それとも允許なのかの区別が難しい。司家の正式な免許に
　　しろ協会独自の免許にしろ、それを確認できる資料がほとんどないからである。実
　　際には文脈から推測するしかない。

綱土俵入り以外紫白房を使用している。それはもともと紫白が許され
ていたことを示唆している。もし准紫房を最初から許されていたな
ら、熊本興行中であってもそれを使用するのが自然である。吉田司家
のお膝元だからと言って、わざわざ紫白に変える必要などない。もと
もと許された房色は紫白房だったため、横綱土俵入りでは特別に准紫
房の許しをお願いしたに違いない。それに対し、司家は横綱土俵入り
に限定した允許を出したのである。

(3) 准紫導入

　この記事では木村庄之助は代々准紫を使用していたかのように書いて
あるが、それは真実でない[14]。15代以前には9代庄之助、13代庄之
助、それに6代伊之助が紫房を使用しているが[15]、行司免許状では紫
白打交紐となっていたはずだ。免許状の紫白打交紐は文字どおり紫白
であって、准紫ではなかった。これらの行司は最初から准紫を授与さ
れたわけではない。後に准紫を授与されたかどうかも定かでない。そ
の准紫を授与された最初の行司は15代木村庄之助だとなっているが、
初めは紫白であった[16]。15代木村庄之助が初めて准紫を授与された行
司なら、それ以前の行司は紫白しか使っていなかったことになる[17]。

---

14) 15代木村庄之助以前に紫房を使用していた木村庄之助は、本章で取り上げた9代目、
　　13代目、14代目くらいである。そのうち、13代目を除く他の2人はその紫房をほと
　　んど認められていない。14代目は実際、紫房を使用していないかもしれない。

15) 6代式守伊之助の紫房については後で少し詳しく述べるが、これは臨時に許された
　　もので永続的に許されたものではなかった。本章ではその紫房は厳密には紫白だと
　　している。対する木村庄之助（13代）の紫は永続的だった。8代伊之助はおそらく
　　元治元年冬場所から元治2年2月の間に臨時の紫房を使用したに違いない。その後は
　　赤に戻っている。これについては後でも少し詳しく述べる。

16) 次の項で見るように、15代木村庄之助が明治31年（明治30年：本章）に准紫房を
　　初めて許された行司だと指摘する本がいくつかある。その「明治31年」（明治30年：
　　本章）という期日が正しいかどうかは別にして、初めて准紫を許されたという指摘
　　は正しいようだ。

8

第1章　紫白房と准紫房

　新聞記事では明治25年当時、15代庄之助が横綱土俵入りで特別に准紫房を使用しているが、その准紫房は熊本興行中に突然使用されたものではない。それ以外の巡業地や本場所などでもその房色を使用している。15代庄之助は明治20年1月に紫房を授与されているので、最初は紫白房、後に准紫房を使いだしたことになる。その准紫について具体的な年月を示す証拠はないが、横綱西ノ海が誕生した明治23年3月頃からに違いない。

　先に示した『読売新聞』（M25.6.8）の「西の海の横綱と木村庄之助の紫紐」によれば、木村庄之助は熊本巡業中の4月7日（8日目）、横綱西ノ海の土俵入りで特別に准紫を許されている。残りの巡業中もその准紫をやはり特別に許されている。さらに、6月の本場所でも准紫を黙許されている。つまり、正式な免許ではないが、黙認されている。木村庄之助はその後の本場所でもその准紫をずっと黙許されていたに違いない[18]。したがって、木村庄之助は准紫房を明治30年5月場所まで続いていたことになる。

　このように見てくると、15代木村庄之助の紫房は次のような変化をたどったことになる。

(1) 明治20年1月から23年1月まで紫白房を使用した。
(2) 明治23年3月から25年4月6日まで准紫房を使用した。
　　西ノ海が23年3月に横綱になった。准紫房は黙許だったようだ。
(3) 明治23年3月30日（初日）から4月6日（7日目）まで紫白房を使用した。

---

17) 江戸時代の紫房に紫白房と准紫房の2種類があったかどうかはわからない。最初に紫白房を許され、後に准紫を許されたことを示す文献も見たことがない。13代庄之助が紫白房を使用していたことは確かだが、准紫も使用したかどうかとなると不明である。本章では、免許状の紫白打交紐は文字どおり紫白房であり、准紫房ではなかったという解釈をしている。
18) 明治25年6月場所後に准紫から紫白房に変わったという資料を見たことがないので、この場所以降もその准紫房を使用していたと判断している。黙許だった准紫が正式な免許で許されたとする資料も見たことがない。

9

吉田司家に遠慮し、紫白房を使用した。

（4）明治23年4月7日（8日目）から30年5月まで准紫房を使用した。
　　8日目に横綱西ノ海の土俵入りで特別に准紫房を許されたが、その後
　　その准紫房を黙許されている。

　15代木村庄之助は明治23年3月から准紫を使用したが、それは黙許であっ
たかもしれない。正式な免許を授与されたことを裏づける資料は見たことが
ない。本章では、このように、15代庄之助は明治23年3月から准紫を使用
していたと推測しているが、これが正しいかどうかは今後吟味する必要があ
る。というのは、この木村庄之助は明治30年に准紫を許されたとする見方
が普通だからである。

2.3　明治30年の准紫房

　15代木村庄之助が「明治31年」（明治30年：本章）に初めて准紫房を許さ
れたと書いてある文献があるので[19]。その中からいくつか示すことにする[20]。

　⑧　枡岡・花坂著『相撲講本』（S10）[21]

19）　本章ではこの「明治31年」を「明治30年」の誤植だと解釈している。ただ、いずれ
　　の本でも同じ「明治31年」が使われていることから、実際は誤植でないかもしれな
　　い。もし誤植でなければ、本章で述べてあることは間違った解釈をしていることに
　　なる。
20）　北川著『相撲と武士道』（M44）にも「紫房は、先代の木村庄之助〔15代：本章〕
　　が、特に一代限りで吉田司家から授けられたもので、中には2本の白糸が混じって
　　いた」（p.172）と書いてある。具体的な年月は記されてない。
21）　『相撲講本』（S10）と『相撲道と吉田司家』（S34）では紫房（准紫：本章）ではな
　　く、紫白房となっている。紫白房なら9代木村庄之助や13代木村庄之助にすでに許
　　されている。これは明らかに間違いである。特に13代庄之助の紫房はよく知られて
　　いたので、なぜ紫白房としたかは不明である。本章ではその紫白房をあえて准紫と
　　して解釈し、ここで取り上げてある。

第1章　紫白房と准紫房

「団扇の紐紫白を吉田家より授くるということは、15代木村庄之助へ明治31年〔明治30年：本章〕に初めてやったことで、〔後略〕」(p.659)

⑨　荒木著『相撲道と吉田司家』(S34)
「明治31年〔明治30年：本章〕15代木村庄之助に団扇の紐紫白打交を許す。これ団扇の紐紫白内交ぜの始めなり」(p.200)

⑩　吉田著『原点に還れ』(H22)
「江戸時代は吉田追風家門弟である木村庄之助には、軍配の房の色は緋房『深紅色』を授与していた。当時、紫房は禁色で、吉田追風家の団扇にだけ認められていた。その後、明治31年〔明治30年：本章〕、15代木村庄之助に対し23世追風善門が初めて紫分の団扇として紫房を授与し、それ以降今日に至っている」(p.135)

　明治31年3月には16代木村庄之助が熊本の吉田司家で紫房の免許状を授与されている（たとえば上司著『相撲新書』(M32、p.88)や『都新聞』の「式守家を相続す」(M43.4.29)など）。これらの文献の年号「明治31年」は正しくないはずだが、文脈から推測すると15代木村庄之助を指していることは確かだ。北川著『相撲と武士道』(M44)によると、准紫房を授与されたのは15代木村庄之助である。この年号「明治31年」と「16代木村庄之助」は2つとも事実と合致しない。なぜそのようなミスが生じたかはわからない。考えられることは、年号の勘違いである。15代木村庄之助は明治30年9月に亡くなっている。この行司が准紫を初めて授与されたのであれば、それは明治30年9月以前ということになる。
　15代木村庄之助は准紫を使用する前、紫白房を授与されている[22]。それはおそらく明治20年1月である。明治19年3月に出版された大橋編『相撲と芝居』(M33.5)が出版された当時、15代木村庄之助は赤房だった (p.43)。明治20年2月付の錦絵「横綱土俵入り」ではこの木村庄之助は紫房で描かれている。その後の錦絵でも紫である。准紫が免許状の形で正式に明治30年9

月までに許されていたとすれば、25年以降30年までのあいだということになる。明治30年に本当に正式に授与されたのだろうか。それともそれ以外の年月に授与されたのだろうか。本章ではその具体的な年月は確定できないし、そもそも正式な免許状が授与されているかも確認できない。それは未解決であると指摘するだけにとどめておきたい。

「明治31年」に准紫房を授与されたと書いてある本には裏づけとなる資料が示されていなかったので、実際にこの年にそれが授与されたかどうかは不明である。不思議なことに、吉田司家の資料を駆使した荒木著『相撲道と吉田司家』（S34）や吉田著『原点に還れ』（H22）でも「明治31年」となっている。吉田司家の資料に「明治31年」となっているとすれば、それが間違っているか、私の解釈が間違っているか、そのいずれかである。その「明治31年」に触れながら、ここで他の問題点もいくつか指摘しておきたい[23]。

(1) 15代木村庄之助は明治30年9月に亡くなっている。この行司は「明治31年」の1月番付にも記載されていない。16代庄之助は明治31年1月場所の番付には立行司となり、4月には司家から行司免許も受けている。また、准紫房になったのは明治32年1月か35年1月の間である。要するに、「明治31年」が正しい期日であれば、すでに亡くなっている15代庄之助に授与したことになる。16代庄之助の准紫を指しているのであれば、その期日は「明治32年」とするのが正しい。

(2) 15代木村庄之助は明治25年にもその准紫房を使用している。それは先に見たように、『読売新聞』の「西の海の横綱と木村庄之助の紫紐」

---

22) 『報知新聞』の「行司の紫房、司家より庄之助らに許可」（M32.5.18）によると、15代木村庄之助は吉田司家から正式な免許状を受けることなく使用している。協会だけの許しを受けている。司家はその紫使用を黙認していたらしい。つまり、黙許である。しかし、他の文献では15代庄之助は司家から准紫房を初めて許された行司だと記されている。いずれが真実を正しく反映しているだろうか。

23) これは拙著『大相撲立行司の軍配と空白』（H29）の第1章「紫房の異種」でもいくらか指摘してある。

（M25.6.8）で確認できる。明治25年春場所後の熊本興行中は准紫房を横綱土俵入りだけでなく、残りの取組でも使用している。さらに、それまでも他の巡業地や本場所では准紫房を使用していたし、25年以降もそれを使用している。要するに、15代庄之助は黙許だが、明治30年以前から准紫を使用していたのであって、その年に初めてそれを使用し始めたのではない。いつ准紫を正式に免許の形で授与されたかは不明である。それが明治30年なのか、それ以前なのか、今のところはわからない。明治30年に正式な免許が出たとしても、それはずっと黙許で使用してきたことを文書の形で正式に認めただけにすぎないかもしれない。

(3) 吉田著『原点に還れ』では「明治31年」（明治30年：本章）に「総紫房」が初めて15代庄之助に授与されたとなっているが、この房色は正しくない。明治30年当時、「総紫」という房色は存在していなかった。これは先にも触れたように、たとえば『読売新聞』（M25.6.8／M30.2.10）や山田・三木編『相撲大観』（M35、p.300）などでも確認できる。

吉田著『原点に還れ』ではまた、16代庄之助も15代庄之助の房色にならって「総紫房」を授与されたと書いてあるが、それは事実に即していない。この16代庄之助にしても、また6代瀬平にしても、最初は紫白房を授与され、しばらくしてから准紫を授与されている。いつ「総紫房」が初めて導入されたのかははっきりしないが、それは明治42年6月の国技館開館後のようである。少なくとも「明治30年」当時、15代庄之助に「総紫房」が授与され、16代庄之助がその房色を踏襲したということはない。

(4) 荒木著『相撲と吉田司家』（S34）や吉田編『ちから草』（S42）では「明治31年」（明治30年：本章）に紫白房が初めて授与されたと書いてあるが、これをどう解釈すればよいだろうか。文字どおりの紫白房なら、江戸時代から授与されているからだ。行司免許状では紫白打交紐となっていたはずで、これは紫白房である。免許状の紫白打交紐には

紫白房と准紫房の2種があったとすれば、どの房を授与するかは免許
状の中で、たとえば、紫白打交紐（紫白房）」とか紫白打交紐（准紫房）
とわかるような表現で明記されていてもおかしくない。16代庄之助
に授与された明治31年4月付の行司免許状では単に紫白打交紐とある
が、それは江戸時代に授与された免許状の表現と変わりないはずだ。
『相撲と吉田司家』（S34）や『ちから草』（S42）の紫白房が准紫房を
意味しているのであれば、「明治31年」（明治30年：本章）という期日
が正しいのか、そうでないかを吟味しなければならない。

(5) 15代木村庄之助は「明治31年」（明治30年：本章）に准紫房を授与さ
れたことになっているが、実は、正式な免許の形では授与されていな
いかもしれない。すなわち、協会だけが准紫房を許し、司家はそれを
黙許していたかもしれない。それを確認できる新聞記事がある。

⑪ 『報知新聞』の「行司の紫房、司家より庄之助らに許可」（M32.5.18）
「〈行司紫房の古式〉　相撲行司の所持する紫房は、古よりより難しき
式法のあるものにて、これまでこれを許可されしは、13代木村庄之
助が肥後の司家吉田追より許可されしを初めとし、これより後本式の
許可を得たる者なかりしに、先ごろ死去したる15代木村庄之助が、
再びその許可を得たり。されどこは単に相撲協会より許されしにて、
吉田追風より格式を許されしにあらざりしが、〔後略〕」

15代木村庄之助の紫房は協会だけに許されたものであり、司家から正式
に免許状の形で許されていない。この行司は明治25年の熊本巡業中、横綱
土俵入りで准紫房を特別に許されている。それ以降明治30年9月に亡くなる
まで司家の暗黙の了解のもとでその准紫房を使用していたかもしれない。も
し明治30年に正式な免許状が授与されたなら、それはそれまで使用してき
た准紫を正式に確認するための単なる手続きだったということになる。しか
し、新聞記事によると、そのような手続きはなされていない。明治25年以
降[24]、司家は15代庄之助に正式な免許状を授与していないからである。15

代庄之助が明治25年頃からずっと准紫房を使用していたにもかかわらず、なぜ「明治31年（明治30年：本章）」になって初めて15代庄之助に准紫房が授与されたという記述になっているのだろうか。その理由は、今のところ、わからない。

　このように、15代木村庄之助の准紫房をめぐる疑問点をいくつか指摘したが、この指摘が本当に正しいのかどうかは吟味する必要がある。文献には吉田司家の資料を基にして書いてあるものもあり、資料そのものに問題はないはずだからである。しかも、明治30年代と言えば、文献の発行年から見てはるか遠い昔のことでもない。記録にとどめておくことも簡単になっている。しかし、明治時代の新聞記事や本などから得た知識を基にして判断すると、納得できないものがあることも事実である。そのため、文献で記してあることが正しいのか、本章で指摘してあることが的外れであるのかは、今後の研究に委ねることにする。

3. 16代木村庄之助の紫房

　16代木村庄之助は明治31年1月場所から立行司として紫房を使用している。これは『読売新聞』の「16代木村庄之助の免許」（M30.12.26）でも確認することができる。16代庄之助は襲名と同時に紫房が許可されている。

① 上司編『相撲新書』（M32.1）
　「明治31年3月肥後国熊本に至り、吉田家の門に入りて角力行司秘術皆伝の免許を得、麻上下、木剣、紫房を許されたりという」（p.88）

---

24)　15代庄之助は熊本巡業の前にも准紫房を使用していたので、実際は明治25年以前からそれを使用していた。本章では、西ノ海が横綱になった明治23年3月から使用していたと判断している。

② 『都新聞』の「式守家を相続す」(M43.4.29)

「〔木村誠道は：本章〕　明治29年草履を許され、30年9月15代目庄之助の没後、16代庄之助と名乗り、翌年〔31年：本章〕1月団扇紐紫白打交熨斗目麻上下を免許され、越えて4月吉田司家より故実門人に推挙され〔後略〕」

明治31年4月付の行司免許状では紫白打交紐となっている。

③ 『東京日日新聞』の「明治相撲史——木村庄之助の一代」(M45.1.15)

「　　　　　　　　免許状

団扇紐紫白打交熨斗目麻上下令免許畢以来相可申也仍而免許状件如

本朝相撲司御行司　吉田追風　落款

　　　明治31年4月11日

　　　　　　　第16代木村庄之助どのへ」

　16代庄之助は後に准紫房を使用しているので、それは紫白房の後に授与されたことになる。16代庄之助が准紫を使用していたことは、次の本からも推測できる。

④ 大橋編『相撲と芝居』(博文館、M33.5)

「〔前略〕これからもう一つ進むと、土俵の上で草履を用いることを許される。これは力士の大関と同格で熨斗目麻上下に緋房の軍扇あるいはもう一つ上の緋と紫と染め分けの房のついた軍扇を用いるが、この中で一人木村庄之助だけは、特別に紫房の軍扇を許される。紫房は行司の最高級で、ほとんど力士の横綱の如きものである。土俵の上で草履を用いる行司は、前にも言った通り、力士の大関と同格だから、大関の相撲でなければ出ない。これは昔から木村庄之助、式守伊之助の両人に決まっていたが、近年この高級行司が三人もあることがあって、現に今でも庄之助、伊之助の他に木村瀬平を合わせて三人ある。」

第1章　紫白房と准紫房

（p.43）

⑤　山田・三木編『相撲大観』（M35.12）
　「紫房は先代木村庄之助〔15代〕が一代限り行司宗家、肥後熊本なる
　吉田氏よりして特免されたるものにて現今の庄之助及び瀬平もまたこ
　れを用いたるといえでもその内に1、2本の白色を交えおれり」（pp.299
　–300）

　『相撲と芝居』（M33）の「緋と紫の染め分け」とは聞きなれない房色だ
が、文脈から推測すると紫白房を指しているに違いない[25]。なぜなら木村
瀬平は当時紫白房だったからである。瀬平は、次の項で見るように、明治
32年3月に紫房を許されている。この紫房は厳密には紫白房である。紫白房
より格上の紫房は当時、准紫である。これらの事実から16代庄之助が准紫
を使用していたことがわかる。すなわち、16代庄之助は少なくとも明治33
年5月当時、准紫を使用していた。
　明治31年1月場所では紫白房を使用し、33年5月場所では准紫房を使用し
ていることから、そのあいだに房色が変化したことになる。その具体的な年
月はいつだろうか。次の資料は一つの手がかりになるかもしれない。

　⑥　『読売新聞』（M31.6.1）の「相撲だより」

---

25)　緋房のすぐ上の紫房には紫白房と准紫房しかなかったはずなのに、なぜ紫白房でな
　　い「独特の房色」が書かれているだろうか。その理由はわからない。いずれにして
　　も、そういう房色は明治30年代初期にはなかったはずである。もしその「独特の房
　　色」の存在を認めると、第三の紫房を新たに認めなければならない。しかし、今の
　　ところ、そのような紫房は確認されていない。この「緋と紫を混ぜた房色」は、や
　　はり「白と紫を混ぜた房色」とすべきところをたまたま間違って書いたのではない
　　だろうか。なお、「染め分け」は同じ色を束ねて固定し、混ぜ合わせてあるという意
　　味である。現在でも異なる糸を混ぜ合わせてある房は「染め分け」しているのが普
　　通である。

「〔前略〕大場所中木村庄之助は軍扇に紫房、木村瀬平・式守伊之助両
人は紫白打　交房免許〔中略〕を協会へ請願したるため〔後略〕」

　明治31年6月に16代木村庄之助は紫白房より格上の准紫房を請願してい
る。他方、6代木村瀬平と9代式守伊之助は2人とも紫白房を請願してい
る[26]。2人とも当時、赤房だった。『相撲と芝居』が33年5月に発行されて
いることを考慮すれば、16代庄之助の房色は明治32年1月場所から明治33
年1月場所のあいだで紫白房から准紫房に変化したようだ。本場所は当時、
1月場所か5月場所である。本の執筆は5月以前に完了していたに違いない。
准紫を授与された具体的な年月ははっきりしないが、あえて推測すれば次の
新聞記事が参考になるかもしれない。

　⑦　『報知新聞』の「行司の紫房、司家より庄之助らに許可」（M32.5.18）
　　　「〈行司紫房の古式〉〔前略〕今回大場所に勤むる木村庄之助〔16代〕
　　　及び瀬兵衛〔6代〕の2人は、吉田家及び相撲協会より、古式の紫房
　　　を許可せられ、今回の大場所に勤むるにつき、〔後略〕」

　6代木村瀬平は明治32年3月（本場所は5月：本章）に紫房を許されている
が、それは紫白房である。16代庄之助は明治31年1月に紫白房を許されて
いる。新聞記事によると、明治32年3月に16代庄之助も6代瀬平と同様に紫
房を授与されている。16代庄之助と6代瀬平は同じ紫房を許されているが、

26）　木村瀬平は翌年（M32）の3月に紫白房を許されているが、式守伊之助には許され
　　ていない。この伊之助が紫白房を許されたのは明治37年5月である（たとえば『都
　　新聞』の「紫白の房と上草履」（M37.5.29））。伊之助は明治30年1月に赤房になっ
　　たばかりで、それも独断でそれを使いだしている（たとえば『読売新聞』の「相撲
　　だより〈式守与太夫緋紐の事〉」（M30.2.20））。立行司とはいえ、紫白房は時期尚早
　　と判断されたのかもしれない。『角力新報（8）』（M31.8、pp.57-8）では木村瀬平と
　　式守伊之助の家柄に差があり、軍配房の授与ではそれも考慮しなければならないと
　　いう旨の記事がある。

18

具体的な房色は異なっていたはずだ。つまり、瀬平はそれまで赤房だったので、紫白房を授与されたに違いないが、16代庄之助は紫白房だったので、格上の准紫房を授与されたに違いない。これはあくまで推測の域を出ないが、まったくあり得ない話ではない。これが正しい解釈であれば、16代庄之助は明治32年3月に准紫房を授与されていることになる。

　もし16代庄之助と6代瀬平が明治32年5月場所で同じ紫白房を使用していたなら、16代庄之助の准紫房は1場所遅れて、明治33年1月場所だということになる。大橋編『相撲と芝居』は明治33年5月発行となっていて、5月以前に執筆を終えていたはずだからである。16代庄之助の准紫房が明治33年1月場所に授与されてもおかしくないが、庄之助は明治31年1月に紫白房を許されていたのに対し、瀬平は32年3月に許されている。2人の房色にはもともと違いがあったのだから、それは准紫房の授与にも反映されているはずだ。紫白房を授与された年月の差を考慮すれば、16代庄之助が32年3月に瀬平より格上の准紫房を授与されたとしてもおかしくない。

　16代庄之助が紫白房から准紫房に変えたとき、それは免許の形で授与されている。吉田家と相撲協会がともにその紫房を許可しているからである。しかし、房色「准紫」が免許状でどのような表現になっていたかは不明である。残念なことに、それを確認できる資料は見たことがない。

4.　6代木村瀬平の紫房

　6代木村瀬平は明治32年3月に紫房を許されている[27]。それは次の資料で

---

27)　『読売新聞』の「鳳凰の横綱と瀬平の紫紐」（M31.3.13）に「木村瀬平も吉田家より紫紐の軍扇を免許され、これは来たる5月場所2日目より用いるはずなりという」という記事がある。しかしどういうわけか、これは実施されていない。協会の許しをまだ受けていないにもかかわらず、瀬平が独自に司家と話を進めていた可能性もある。この紫紐は『読売新聞』の「相撲だより」（M31.6.1）を参照すれば、紫白だったに違いない。

19

も確認できる。

① 『読売新聞』の「木村瀬平、紫房を免許せらる」（M32.3.16）
「東京相撲立行司木村瀬平がかねて志望なる軍扇の紫房はいよいよ一
作14日免許を得て小錦の方屋入を曳きたる〔後略〕」

② 『報知新聞』の「行司の紫房、司家より庄之助らに許可」（M32.5.18）
「〈行司紫房の古式〉　相撲行司の所持する紫房は、古よりより難しき
式法のあるものにて、これまでこれを許可されしは、13代木村庄之
助が肥後の司家吉田追より許可されしを初めとし、これより後本式の
許可を得たる者なかりしに、先ごろ死去したる15代木村庄之助が、
再びその許可を得たり。されどこは単に相撲協会より許されしにて、
吉田追風より格式を許されしにあらざりしが、今回大場所に勤むる木
村庄之助〔16代〕及び瀬兵衛〔6代〕の二人は、吉田家及び相撲協会
より、古式の紫房を許可せられ、今回の大場所に勤むるにつき、〔後
略〕」

この紫は紫白房だろうか、それとも准紫房だろうか。6代瀬平はこれまで
赤房だった。16代庄之助の項で見たように、瀬平は明治31年6月、紫白を
請願している。紫白を請願したのに、准紫を許すのは不自然である。明治
32年3月に許された紫房は紫白だったとするのが自然である。
　大橋編『相撲と芝居』（M33）によると、木村瀬平は16代庄之助より格下
の紫房になっている。当時、瀬平は明治32年3月に紫房を許されていたのだ
から、格下の紫房は紫白となる。すなわち、瀬平は初めから准紫を許されて
いたのではない。しかし、山田・三木編『相撲大観』（M35）によると、瀬
平は16代庄之助同様に准紫を使用している。それを参考のため再び示す。

③ 山田・三木編『相撲大観』（M35）
「紫房は先代木村庄之助〔15代〕が一代限り行司宗家、肥後熊本なる

第1章　紫白房と准紫房

　　吉田氏よりして特免されたるものにて現今の庄之助及び瀬平もまたこ
　　れを用いたるといえでもその内に1、2本の白色を交えおれり」(pp.299
　　－300)

　それでは、瀬平はいつ、准紫を許されたのだろうか。本の発行日を考慮す
れば、それは明治33年5月から35年12月の間ということになる。本場所は
1月と5月なので、具体的には34年1月か35年5月となる。瀬平は34年4月
に司家から特別の免許を受けていることから、そのときに准紫房も授与され
たに違いない。すなわち、正式な免許状の形で授与されている。

　④『読売新聞』の「木村瀬平以下行司の名誉」(M34.4.8)[28]
　　「大相撲組熊本興行中、吉田追風は木村瀬平に対し一代限り麻上下熨
　　斗目並びに紫房の免許を与え、式守伊之助には麻上下熨斗目赤房免許
　　を、木村庄三郎、同庄太郎には赤房を、〔後略〕」

　⑤『二六新聞』の「横綱及び行司格式のこと」(M34.4.11)
　　「木村瀬平は目代立行司の證状を得ると同時に行司巻き物を下げられ
　　たるよし。〔中略〕瀬平は一代限りの免状を得たるなりと」

　瀬平には32年2月に紫房の免許が授与されているから、これは2度目の免
許となる。34年4月の免許では准紫を許されたに違いない。1度目の紫免許
でないことは次の新聞記事の表現からもわかる。新聞の日付に注意すると、
これは予告記事である。

---

28)　『読売新聞』の「相撲だより」(M34.4.1)にも「〔熊本興行中：本章〕大砲に対し横
　　綱の免許を与え、また木村瀬平へは紫房の免許を与えるはず」とある。横綱免許と
　　同様、行司免許が正式に授与されている。

21

⑥ 『読売新聞』の「相撲だより〈大相撲〉」（M34.4.1）
「〔前略〕司家吉田追風より大砲に対し横綱の免許を与え、また木村瀬平へは紫の房の免許を与えるはず」

　この「与えるはず」はこれから授与される免許を指すのであって、すでに授与された紫免許（つまり1回目の紫）の形式的確認ではない。1度目でも2度目でも「紫」の表現が使用されているが、1度目は紫白であり、2度目は准紫である。その紫白と准紫をそれぞれの免許状でどのように区別していたかは、今のところ、わからない。
　『時事新報』の「故木村瀬平の経歴」（M38.2.6）にはこの房色について記してある記事がある。しかし、それが本当に正しいのかどうかはわからない。それには単に紫白紐と記されている。

⑦ 『時事新報』の「故木村瀬平の経歴」（M38.2.6）
「吉田家より受けたる種々の免許状を年序に従って記載すれば左の如し。〔中略〕　紫白紐　上草履、熨斗目麻上下　同34年4月、吉田家故実門人に差し加えらる　同年同月。」

　この記事では単に紫白打交紐となっている[29]。免許状でも同じ表現だったかどうかわからない。もしこの表現が使われていたなら、第1回目の紫白房と第2回目の准紫房の区別ができなくなる。この准紫房を授与した免許状の写しがあれば、答えはすぐ得られるが、残念ながらそれをまだ見ていない。

---

29)　この新聞記事は木村瀬平の紫紐だけでなく、装束や草履のことなども記してあるので、第1回目の免許状の内容を再確認しているような印象を受ける。しかし、それは明治32年3月に授与されているので、第2回目の免許状には何か違いがなければならない。その違いはこの記事には記されてない。目新しいのは故実門人に差し加えられたことだけである。

5. 9代木村庄之助

9代木村庄之助が紫房を許されていたことは、次の写本や錦絵で確認できる。

① 『角觝詳説活金剛伝』（（蓬莱山改め）立川焉馬撰、文政11年：1828年）の「木村庄之助」の項
　　　「吉田追風門人　無字団扇紫打交之紐上草履免許」

② 「当時英雄取組ノ図」、（香蝶桜）国貞画、堺市博物館制作『相撲の歴史』（H10、p.47）。

これらの資料が事実を正しく反映しているのであれば、吉田司家の紫白打交紐が最初に授与されたのはこの9代木村庄之助である。しかし、この行司の紫房は明治以降の文献ではまったく言及されていない。たとえば、先に示した記事を再び示すが、これには13代庄之助が初めて紫房を授与されたと書かれている。

③ 『報知新聞』の「行司の紫房、司家より庄之助らに許可」（M32.5.18）
　　「〈行司紫房の古式〉　相撲行司の所持する紫房は、古よりより難しき式法のあるものにて、これまでこれを許可されしは、13代木村庄之助が肥後の司家吉田追風より許可されしを初めとし、これより後本式の許可を得たる者なかりしに、先ごろ死去したる15代木村庄之助が、再びその許可を得たり。〔後略〕」

この紫房は『角觝詳説活金剛伝』（文政11年：1828年）に書いてあるように紫白房である。この写本では「紫」打交之紐とあり、「紫白」打交紐と

23

なっていない。しかし、「赤」と紫を混ぜ合わせた「房色」はない[30]。また、16代庄之助の行司免許でも紫白打交紐となっているし、他の文献でも紫白房となっている。このようなことを考慮すれば、「紫白」打交紐の「白」がたまたま記載されていないと見るのが自然である。9代庄之助の紫紐はやはり紫白房だったに違いない[31]。

6. 13代木村庄之助の紫白

明治期の文献では13代木村庄之助が初めて紫房を授与された行司となっている[32]。これは次の記事でも確認できる。

① 『東京日日新聞』の「相撲だより〈相撲行司の軍配〉」（M32.5.18）
「相撲行司の軍配は元来赤房が例なりしが13代目木村庄之助の時初めて肥後司家吉田追風より紫白の免許を請け、〔中略〕一昨年死去せし15代木村庄之助は同家より紫房の免しをうけ、梅ケ谷、西ノ海、小錦の3横綱を右の軍配にてひきし事あり。」

---

30) この独特の房色は前に見た大橋編『相撲と芝居』（M33）にある房色とまったく同じである。奇妙な一致だが、やはりこの房色はなかったはずだ。本章ではそのように捉えている。

31) 9代木村庄之助の軍配房を確認できる錦絵を見る限り、房色は純粋な紫ではないし、赤でもない。薄い青緑である。最高位の庄之助がそのような青緑の房をしているのは奇妙である。本章で「紫白房」と判断したのは『角觝詳説活金剛伝』で「紫打交」とあることや「青緑」の房を当時確認できていないからである。赤房がくすんだために「青緑」として描かれたのであれば、『角觝詳説活金剛伝』の「紫打交」という記述そのものが間違っていることになる。それにしても、なぜわざわざ「青緑」の房として描いてあるのだろうか。その理由は今のところ、わからない。「豪」の文字が入った9代庄之助の軍配房はどれも「青緑」になっている。

32) この行司は元治元年冬場所に紫房を授与されているようだ。元治元年には赤房だが、元治2年には紫になっているからである。

第1章　紫白房と准紫房

　この行司の紫房は紫白房である。この行司の紫房は次の資料でも確認でき
る。もちろん、紫の前は赤房だった。

② 元治元年（1864）3月（春場所）、「勧進大相撲東西関取競」、国貞画、
　『江戸相撲錦絵』（pp.146-8）。
　庄之助と伊之助の房色はともに赤である。

③ 元治元年10月（冬場所）。
　庄之助の房色が朱なのか、紫白なのか、それを判断する直接資料がな
　い[33]。しかし、錦絵の房色の違いや雲龍と不知火両横綱の在位期間
　などを考慮すれば、13代庄之助はこの場所、すでに紫を授与されて
　いた可能性がある[34]。というのは、次の「7.　6代式守伊之助」の節
　で述べるように、横綱雲龍が元治2年2月場所を全休し、その後で引
　退しているからである。式守伊之助が紫房を臨時に許され、実際に両
　横綱の土俵入りを裁いたならば、その場所は元治元年冬場所である。
　伊之助が紫だったなら、庄之助は当然紫である[35]。

---

33) 両国の相撲博物館にも元治元年冬場所（10月）の錦絵、絵番付、おもちゃ絵は所蔵
　　されていなかった。そのような資料がどこかにあるのかもわからない。おもちゃ絵
　　であっても、元治2年春場所の房色は正確に描かれていることから、元治元年冬場
　　所のおもちゃ絵もかなり貴重な資料となるかもしれない。そのような資料がいつか
　　見つかることを期待している。
34) たとえば、『読売新聞』の「式守伊之助と紫紐の帯用」（M30.2.10）によると、雲龍
　　と不知火の両横綱がいたとき、6代伊之助に臨時に紫房が許されている。その場所
　　は元治2年春場所の可能性が高い。
35) 雲龍が2月場所に出場しなくても、伊之助に紫を臨時に授与した可能性を否定でき
　　ない。その場合は、雲龍が出場するものとして事前に紫を許したことになる。いず
　　れにしても、庄之助は2月場所以前に紫を授与されていたに違いない。そうなると、
　　それは元治元年冬場所（つまり10月）ということになる。元年春場所は赤、2年春
　　場所は紫だからである。

25

④ 元治2年春場所、絵番付「御免出世鏡」（義春画）、景山編著『大相撲名鑑』（p.20）／景山編著『大相撲グラフティ』（p.48）。
庄之助は紫白である。

⑤ 元治2年春場所、おもちゃ絵「志ん版流行子供角力」（芳盛画）、景山編著『大相撲グラフティ』（p.48）。
行司名はわからないが、紫で描かれている。2人の横綱が描かれていることから、行司は庄之助に違いない。力士の配列から元治2年春場所である。小野川が小結に降格している。元治2年10月（冬）、小野川は関脇だった。おもちゃ絵では行司が先に描かれ、力士は東・西の順で配列されている。

⑥ 慶応2年（1866）3月、錦絵「木村庄之助の独り立ちの姿」、国貞画、学研発行『大相撲』（p.127）[36]。

　13代庄之助は元治2年春場所ではすでに紫白房だが、その房色はその後もずっとそのままだったのだろうか、それともある時点で准紫房に変更されたのだろうか。これについては、意見が分かれるかもしれない。1つは准紫房の使用を認めているものであり、もう1つは文字どおり紫白房のままというものである。准紫房の使用を示唆する文献は非常に少ないが、次の新聞記事はそれを認めている。これはすでに前にも示したものである。

⑦ 『読売新聞』の「西の海の横綱と木村庄之助の紫紐」（M25.6.8）
「木村庄之助は代々家柄に依り軍扇に紫紐を用いるといえども（但し白2、3本打交ぜありという）、熊本興行中は司家に対し相憚り紫白打交ぜの紐を用いたりしもこの日〔4月7日：本章〕西の海の位に伴わ

---

36) 慶応元年冬場所の資料は見つかっていないが、木村庄之助は紫に違いない。元治2年春場所と慶応2年3月はともに紫を確認できるからである。

第1章　紫白房と准紫房

れ横綱方屋入り〔土俵入り：本章〕を曳きゆる行司なればとて、当日
限り紫紐の允許あり。続いて同興行中は苦しからずとの特許ありたる
ため自然黙許のごとくなりたるが、今回の両国大場所も同じく紫紐を
用いる由〔後略〕」

　この記事には、もちろん、准紫房という言葉は使われていないが、白糸が
2、3本混じっている房なので准紫房である。13代庄之助が准紫房を使用し
ていたとしても、それがいつから使われ出したかはわからない。つまり、最
初に紫白房を使い、後に准紫房を使ったのか、また最初から准紫房を使った
のかはわからない。最初から准紫房だったのなら、紫白打交紐は文字どおり
の紫白房ではなく、准紫房だったことになる。本章では最初に紫白房が許さ
れ、後に准紫房が許されたという立場なので、准紫房を最初から使っていた
ということはありえない。
　もし13代庄之助が准紫房を使用していたことが事実なら、それはいつ、
どのような形で許されたのだろうか。これに対する答えは、今のところ存在
しない。13代庄之助が准紫房を使用していたという事実を確認する資料も
ない。その意味で、『読売新聞』の「西の海の横綱と木村庄之助の紫紐」
（M25.6.8）で13代庄之助が准紫房を使用していたという記述には賛同でき
ない。13代庄之助が准紫房を使用していたことが事実なら、その前に紫白
房を使用していたはずだ。
　13代庄之助は紫白房だったことを指摘してある文献はいくつかある。

　⑧『東京日日新聞』の「相撲だより〈相撲行司の軍配〉」（M32.5.18）
　　「相撲行司の軍配は元来赤房が例なりしが13代目木村庄之助の時初め
　　て肥後司家吉田追風より紫白の免許を請け、〔中略〕一昨年死去せし
　　15代木村庄之助は同家より紫房の免しをうけ、梅ケ谷、西の海、小
　　錦の3横綱を右の軍配にてひきし事あり。」

　⑨『報知新聞』の「行司の紫房、司家より庄之助らに許可」（M32.5.18）

27

「〈行司紫房の古式〉　相撲行司の所持する紫房は、古よりより難しき
式法のあるものにて、これまでこれを許可されしは、13代木村庄之
助が肥後の司家吉田追風より許可されしを初めとし、これより後本式
の許可を得たる者なかりしに、先ごろ死去したる15代木村庄之助が、
再びその許可を得たり。」

　15代庄之助以後の准紫房は明確に確認できるが、それ以前の紫房がすべ
て紫白房だけだったのかとなると、必ずしもそうだったとは言い切れない。
司家の黙許で准紫房を使用したかもしれないという危惧がある。15代庄之
助も司家の黙許の下で准紫房を使用していたのだら、それ以前の行司が准紫
房を使用したとしても不思議ではないのである。しかし、15代庄之助以前
の紫房に2種類あったかどうかもわからないので、本章では13代庄之助の准
紫房については肯定も否定もせず、両方の見方があることを指摘しておきた
い。

7.　6代式守伊之助

　江戸末期には6代式守伊之助にも臨時に紫白紐が許されている。この行司
の紫房は次の新聞記事で確認できる。

①『読売新聞』の「式守伊之助と紫紐の帯用」（M30.2.10）
　「〔前略〕式守家が紫紐を用いたる先例は今より三代前の伊之助が特許
　されしより外さらになく、この時の如きも当時東に雲龍久吉という横
　綱ありたりしに、また西より不知火光右衛門現れ、東西横綱なりした
　め、東は庄之助〔13代：本章〕これを引き、西は式守伊之助が引く
　という場合よりして、〔後略〕」

　2人の横綱の在位が重なる時期を調べてみると、それは文久3年（1863）

第1章　紫白房と准紫房

11月から元治2年（1864）2月の間である。13代庄之助が紫房を許されたの
は、おそらく元治元年冬場所である。そうすると、6代伊之助が紫房を臨時
に許されたのは、元治元年冬場所か元治2年2月のいずれかになる。おそら
く元治2年春場所で紫房が臨時に許されたに違いない。なぜなら、6代伊之
助は13代庄之助より後で紫房を許されたとするのが自然だからである。13
代庄之助が元治2年春場所にはすでに紫房になっていた。それはその場所の
絵番付で確認できる。6代伊之助は元治2年春場所以降、本来の赤房に戻っ
たようだ。慶応2年（1866）から明治11年（1878）の錦絵では赤房で描かれ
ている。

　② 慶応2年2月、錦絵「独り立ち姿」、学研発行『大相撲』（p.127）。

　6代伊之助が臨時に許された紫房は紫白房だったに違いない。そして横綱
土俵入りのときだけ紫房を許されていたようだ。つまり、取組を裁くときは
本来の赤房を使用していたかもしれない。
　この6代伊之助は明治10年1月から首席行司になっているが、房の色は赤
房だった。これは、たとえば、明治11年6月（相撲博物館所蔵）、明治12年6
月（相撲博物館所蔵）、明治13年5月（大相撲カード（155）、ベースボール・マ
ガジン社、1997）の絵番付でも確認できる[37]。6代伊之助は明治13年9月に
亡くなるまで、赤房だったことになる。

---

37)　6代式守伊之助が描かれた錦絵や絵番付については本書の第2章でもっと詳しく扱っ
　　ている。今のところ、この伊之助が紫で描かれた錦絵は見つかっていない。文字資
　　料として『読売新聞』（M30.2.10）の「式守伊之助と紫紐の帯用」があり、その中
　　でこの伊之助に紫が臨時に許されている。

29

8. 14代木村庄之助

この行司の紫白房の記述が認められのは「御請書」（M15.7）だけである[38]。

① 明治15年（1882）7月付けの「御請書」

この「御請書」が事実を正しく述べているならば、この房色は紫白房である[39]。14代庄之助が准紫房を使用した形跡はないので、紫白房と准紫房のうち、どれが先に許されたかということは問題にならない[40]。

---

38) この「御請書」の詳細は、たとえば荒木著『相撲道と吉田司家』（S34、pp.118-28）や吉田著『原点に還れ』（H22、pp.25-36）などで見られる。

39) 14代木村庄之助は少なくとも明治13年5月まで朱房だったに違いない。明治10年1月に主席になった6代式守伊之助が明治13年9月に亡くなるまで、赤房だったからである。

40) この14代庄之助は明治17年3月の天覧相撲では「これより三役」の3組を裁いているが、それを描いた錦絵では赤房である（西ノ海と大鳴門の取組を描いた錦絵、出版人・松木平吉、明治17年4月1日御届、個人所蔵）。この錦絵には画題があったかもしれないが、その部分が切れている。その他に梅ケ谷と楯山の取組を描いた錦絵「勇力御代之栄」（国明画）があるが、木村庄之助は紫房になっている。この錦絵は明治10年代に描かれているが、届日が「明治十　年　月」とあり、17年の天覧相撲を想定して描いてあるかどうか定かでない。明治17年3月の天覧相撲を想定して描いたものであれば、14代木村庄之助である。15代木村庄之助は明治19年5月か20年に紫になっていて、それ以前は赤だった。

9. 8代式守伊之助

　8代式守伊之助の紫に関しては、その許可をめぐって協会や行司の間で話し合いがあったことが新聞記事に見られる。

①『読売新聞』の「式守伊之助と紫紐の帯用」（M30.2.10）
　「東京相撲行司は古来それぞれの格式あり。土俵上、足袋、副草履または軍扇の紐の色取り、縮目熨斗目麻上下に至るまでも、肥後国熊本の司家吉田追風氏の許可を得るにあらざれば、協会といえど容易にこれを許可する能わざる例規なるが、この度行司式守伊之助は軍扇に紫紐を帯用せんとて裏面より協会へ申し出たりしに、協会においても紫紐房は木村庄之助〔15代〕といえども、房中に2、3の白糸を撚り混ぜ帯用することなれば、たとえ伊之助が精勤の功に依りて許すとするも、先ず行司全体より願い出たる上にて協議するのが至当ならんと、協会員中1、2の意見を伊之助に示したるとかにて、同人もなる程とて、この程仲間に対してその賛成を求めしかば、庄之助、誠道、瀬平以下大いに内談を凝らしたる末、伊之助が出世に対し、故障を唱えるにはあらざるも、式守家が紫紐を用いたる先例は今より三代前の伊之助が特許されしより外さらになく、この時の如きも当時東に雲龍久吉という横綱ありたりしに、また西より不知火光右衛門現れ、東西横綱なりしため、東は庄之助〔13代〕これを引き、西は式守伊之助が引くという場合よりして、伊之助が紫紐帯用の許可を受けたるものなれば、今後誠道、瀬平、その他誰にもあれ、庄之助の名を継続したる場合には伊之助の上に立ちて、紫紐縮め熨斗目麻上下着用するに差し支えなくば、賛成すべしとの挨拶ありければ、伊之助〔8代〕の紫紐帯用は目下沙汰やみの姿なりという」

この記事によると、8代式守伊之助が申し出た紫の使用許可は立ち消えになったような印象を受けるが、次の新聞記事や雑誌記事などからわかるように、その紫は明治30年（1897）2月17日（春場所7日目）に許可されている[41]。

②『読売新聞』の「回向院大相撲」（M30.2.18）
「前号に記載したる式守伊之助の紫紐帯用は遂に協会の許可するところとなり、昨日より用い始めたり」[42]

③『角力新報（3）』の「式守伊之助の紫房」（M30.3）
「これまで角力行司にて紫房の紐つきたる軍配を持つことを許され居りしは木村庄之助一人なりしが、今回式守伊之助〔8代〕も積年の勤労に依り紫房を使用するを許され〔春：本章〕興行7日目よりその軍配を用いたり」（p.50）

　これらの記事ではすべて紫となっていて、それが准紫なのか、紫白なのか定かでない。本章では、2つの理由から紫白だったと推測している。1つは、木村家と式守家には家柄に差があり、木村家は式守家より上位だった。それは房色に反映された。当時、15代木村庄之助は准紫房を使用していたので、8代式守伊之助には格下の紫白房が授与されたはずだ。もう1つの理由は、紫白房と准紫房のあいだには、暗黙裡に次のような順序があった[43]。これ

41）　式守伊之助の紫は他の新聞、たとえば『東京朝日新聞』の「回向院大相撲」（M30.2.18）でも確認できる。

42）　この記事の「前号に記載したる式守伊之助の紫紐帯用」とは同新聞の「式守伊之助と紫紐の帯用」（M30.2.10）を指しているに違いない。

43）　この順序づけが正しいかどうかは、明治30年代の6代木村瀬平まで紫房を許された行司がすべてこの順序で授与されたかどうかを調べれば、答えはすぐわかるはずだ。本章で取り上げた行司はすべてこの順序になっていたはずだと推測しているが、中にはまだ明確な裏づけのない行司も何人かいる。

32

は本章で提案する主張である。

- 紫白房と准紫房の授与順序
  紫房には紫白房と准紫房があるが、この順序で授与される。つまり、准紫房を許された行司は、最初は紫白房である。その後で、准紫房を許される。赤房からいきなり准紫を許されることはない。准紫房は紫白房の行司の中で特に優れた功績のある者だけに許される。

8代式守伊之助はこれまでずっと赤房だったので、いきなり准紫房を授与するわけにはいかない。したがって、紫白房が授与されたはずだ。

10. 結び

本章では、明治30年代までの紫房行司の紫白房と准紫房について詳しく論じてきたが、それが事実を正しく反映しているかどうかは、今後も吟味する必要がある。調査した新聞記事や本などには紫白房と准紫房の区別をすることなく、一括りにして紫房と書いてある場合が多い。その紫房は紫白房や准紫房のうち、いずれであるかを識別しなければならない。紫白房にしろ准紫房にしろ、それが許された年月を特定できない場合も少なくない。それを特定するためには資料をいくつも駆使して判断しなければならないこともある。本章では新聞記事や本などを主な基礎資料として使用したが、見落としている資料も少なくなく、そのために調査結果に誤りがあるかもしれない。

本章は紫房の中の紫白房や准紫房に焦点を当てているが、特に留意していたことを、参考までに、次に示しておきたい。

(1) 調査資料の紫房は紫白房か、それとも准紫房か。
(2) 紫白房だけを許されたか、准紫房も許されたか。
(3) 紫白房や准紫房はいつ許されたか。

（4）紫白房を飛び越し、最初から准紫房を許されていないか。。

（5）紫白房から准紫房に変更している場合、それはいつ変更したか。

（6）紫白房から准紫房に変更したとき、それは協会だけが許したものか、司家の免許で許されたものか。すなわち、黙許なのか、それとも司家の免許によるものか。

（7）紫白房であれ准紫房であれ、それは臨時のものか、永続的なものか。

　このような視点で新聞記事や本などを調べたが、結果としてうまく解明できた場合もあったし、そうでない場合もあった。本章で解明できなかったことは問題提起のままになっている。これらの解明は今後の研究に俟たなければならない。

第2章　錦絵と紫房

1.　本章の目的[1]

　現在、立行司になれば、同時に房色も紫になる[2]。そのように、紫房が地位として認められたのは明治43年（1910）5月である。それ以前は、最高位の房色は朱だった[3]。しかし、その上に紫があったことは確かである[4]。その紫は名誉色的なものであり、立行司の中にはそれを授与された者もいるし、されなかった者もいる。授与された基準や年月は必ずしも明確ではなかった。本章では、紫が授与された立行司の中で、それがいつ頃授与されたかを調べていく。具体的には、次の立行司である。

（1）9代木村庄之助の紫は授与されていなかっただろうか[5]。その紫を確認できる錦絵は存在しないだろうか。

---

1) 本章で扱っているテーマは前章のテーマと非常に重なり合っていることをあらかじめ指摘しておきたい。扱っている文字資料や錦絵が重なり合うからである。

2) 本章では式守伊之助の紫白と木村庄之助の総紫を厳密に区別することなく、一括りに「紫」として表現することがある。このような表現の仕方は明治以降昭和期まではよく行われていた。

3) 本章では房色を表す紫房や紫白房の代わりに単に紫や紫白の表現を用いることも多い。

4) 三木著『相撲史伝』（M34.10）／『増補訂正日本角力史』（M42）にあるように、庄之助と伊之助は地位としての緋房を許されるが、年功を積んだ後で紫房を許されることもある（p.187）。しかし、どのくらいの年功が必要かは不明である。

35

(2) 13代木村庄之助の紫は広く知れ渡っているが、その紫はいつごろ授与されただろうか。その年月を錦絵で特定できるだろうか。

(3) 6代式守伊之助にも横綱土俵入りで紫を一時的に許されたとする新聞記事がある。それを裏づける錦絵は存在するだろうか。

(4) 14代木村庄之助の紫は授与されていないのだろうか。その紫を確認できる錦絵は存在しないのだろうか。

(5) 15代木村庄之助の紫白はいつ授与されただろうか。紫白の後に授与された准紫は横綱西ノ海の誕生と関係あるのだろうか。

　紫にも総紫、准紫、真紫白、半々紫白という異種があるが、本章で扱う紫は基本的に准紫と真紫白である[6]。真紫白は准紫と半々紫白の間の房色で、白糸の割合が准紫より多く、半々紫白より少ない。真紫白の紫糸と白糸の割合は明確ではないが、吉田司家の行司免許状の「紫白打交紐」がこれに相当する。准紫は白糸が1本ないし3本くらい混じった房色である。真紫白は半々紫白と区別するときの房色である。以前は半々紫白の房色もあった。現在、半々紫白はないので、真紫白を使う必要はない。単に紫白だけで十分である。実際、式守伊之助の紫白では白糸が混じっていればよく、その割合に特別の決まりはない。

2. 9代木村庄之助の紫房

　9代木村庄之助の在位期間は文政7年（1824）10月から天保6年（1835）10月までである。『相撲金剛伝』（文政10年夏校成、11年夏発行）によると[7]、庄

---

5)　本章では庄之助や伊之助を単に庄之助や伊之助と表すこともある。木村や式守を伴わなくても誤解されることはないはずだ。

6)　紫房の異種については、たとえば拙著『大相撲行司の房色と賞罰』（H28）や『大相撲立行司の軍配と空位』（H29）などでも詳しく扱っている。

7)　これは別名『角觝詳説活金剛伝』と同じである。

第2章　錦絵と紫房

之助は紫を授与されている。それは次の記述で確認できる。写本の文字「紐」と「上草履」は変えてある[8]。

①『相撲金剛伝』の「庄之助」の項
「無字団扇紫打交之紐上草履免許」

「紫打交之紐」が紫にどの色が交った紐なのかは不明だが、それは白色ではないかと推測している。明治期の新聞によると、立行司の紫房は紫と白の交った房だからである。江戸期に紫を許された行司は13代庄之助と6代伊之助の2人だけとなっていて、9代庄之助には許されていない。これは、たとえば次の新聞記事にも反映されている。

②『報知新聞』の「行司の紫房、司家より庄之助らに許可」(M32.5.18)
「〈行司紫房の古式〉　相撲行司の所持する紫房は、古よりより難しき式法のあるものにて、これまでこれを許可されしは、13代庄之助が肥後の司家吉田追風より許可されしを初めとし、これより後本式の許可を得たる者なかりしに、先ごろ死去したる15代庄之助が、再びその許可を得たり。」

このように、9代庄之助の紫は明治期の新聞や本でもまったく無視されている。しかし、江戸期の『相撲金剛伝』(別名『角觝詳説活金剛伝』)によると、9代庄之助に紫(厳密には紫白)が許されている。なぜ9代庄之助の紫はその後の文献では無視されているのだろうか。江戸時代に紫が授与されることは非常に名誉なことであり、当の本人だけでなく当時の相撲協会にとっても誇りである。江戸時代の写本を著わすような作者であれば、相撲界と密に

---

8)　本章では明治期やそれ以前の文献から引用するとき、表現や字句を少し変える場合がある。これはできるだけ読みやすいようにするためである。正確な原文に関心がある場合は、元の文献に当たることを勧める(引用文中の〔〕内は著者による補足である)。

接触し、紫のことも知っていたはずである。それにもかかわらず、その紫が
どの写本にも記されていない。これは不思議な謎である。

　『相撲金剛伝』に記されている紫紐が真実であるかどうかに興味がわき、
錦絵を調べることにした。当時、錦絵が盛んに描かれていたので、庄之助も
描かれているはずだ。中には軍配房を確認できるものがあるに違いない。し
かし当時の錦絵を調べてみると、9代庄之助が描かれている錦絵は意外と少
ない。これも不思議だった。私が何か見落としているものがあるようだ。そ
れが何であるかはわからない。いつか誰かに調べてほしい謎である。

　9代庄之助は紫を許可される前は、朱房だったに違いない。庄之助が描か
れているすべての錦絵が朱房であれば、紫房が授与されていなかった可能性
もある。しかし、文政10年以降に描かれた錦絵で紫が見つかれば、その紫
が授与されたとみなしてよいだろう。幸い、横綱稲妻と阿武松が取り組んで
いる錦絵が何枚かあり、その中で庄之助の軍配房が描かれているものがあ
る。房糸が朱でないことは確かだが、紫だとも断言できない。薄い紫のよう
な色でもあるし、薄い黒味がかった色にも見える。少なくとも濃い紫ではな
い。調べた錦絵ではすべて同じ色合いである。朱でないことは確かなので、
薄紫だと判断することにした。

　この9代庄之助の軍配には「豪」の文字が書かれているのが特徴的であ
る。その文字があれば、9代庄之助だと判断してよい[9]。さらに、顔が独自
の風貌していることからもこの行司を見誤ることはないはずだ。阿武松（横
綱在位期間：文政11年2月〜天保6年10月）と稲妻（横綱在位期間：文政12年9
月〜天保10年11月）がともに横綱だった期間は文政12年9月〜天保6年10月
である。2人が取り組んでいる錦絵はすべて、この期間に描かれていると判
断してよい。

---

9)　譲られた行司が使用した可能性は否定できないが、錦絵では描かれた行司の顔の輪郭
　を確認できる場合が多く、他の行司とは区別できる。したがって、別の行司が使用し
　ている可能性はゼロに近い。

第2章　錦絵と紫房

③ 稲妻と阿武松の取組、国貞画、（9代）庄之助・紫房。相撲博物館所蔵。

④ 稲妻と阿武松の取組、国貞画、庄之助・紫房。相撲博物館所蔵。

　この2つの錦絵①と②は同じ構図だが、力士や行司の描き方が少しずつ異なる。

⑤ 「当時英雄取組ノ図」、稲妻と阿武松の取組、国貞画、庄之助・紫房。相撲博物館所蔵。

　酒井著『日本相撲史（上）』（p.283）では文政13年11月の項に掲載されている。

⑥ 「勧進大相撲興業之図」（文政12年2月）、国貞画、9代庄之助・紫。相撲博物館象／「大相撲カード（113-4）」、1997、ベースボール・マガジン社。

　東方力士が土俵入りを終え、西方力士が土俵入りする場面を描いている。行司は「豪」の軍配を持っている。

⑦ 稲妻と阿武松の取組。文政11年（『江戸相撲錦絵』、p.95）。

　錦絵では行司名が記載されていないが、軍配の文字「豪」から9代庄之助である。

　これらの錦絵で9代庄之助の紫は確認できた[10]。やはり写本『相撲金剛伝』に記述されている紫は真実だと断言してよい。もしその房色が紫でなく、別の色だったなら、9代庄之助は紫ではなかったことになる。さらに、『相撲金剛伝』の記述も真実を書いていないことになる。

---

10)　9代木村庄之助が描かれている錦絵の房色は必ずしも紫というわけではない。朱色というわけでもない。くすんだ青色に近い。なぜこのような独特の色に描いたかは、わからない。そのような色は房色として使用されていなはずだ。『相撲金剛伝』の記述を信用すると、「紫」として判断するのが自然である。

3. 13代木村庄之助の紫房

　13代木村庄之助の紫は広く知れ渡っていて、それを疑うことはない。文字資料でも錦絵でも紫は確認できる。ただし、13代庄之助の紫でまだはっきりしないことが、2つある。1つは、紫糸と白糸の割合である。その割合は不明だが、本章では扱わない。もう1つは、いつそれが許されたかである。江戸末期であることは確かだが、その年月はまだ特定できていない。

　本章では、13代庄之助の紫は真紫白であって、准紫ではないと解釈している。ところが、明治期の新聞に准紫だったという記事がある。

①『読売新聞』（M25.6.8）の「西の海の横綱と木村庄之助の紫紐」
　「庄之助は代々家柄に依り軍扇に紫紐を用いるといえども（但し白2、3本打交ぜありという）、熊本興行中は司家に対し相憚り紫白打交ぜの紐を用いたりしもこの日〔4月7日〕西の海の位に伴われ横綱方屋入り〔土俵入り〕を曳きゆる行司なればとて、当日限り紫紐の允許あり。〔後略〕」

　紫糸の中に白糸が2、3本混じっている房は准紫である。紫白房にはもっと多くの白糸が混じっていたはずだ。この新聞記事にあるように、13代庄之助の紫は准紫だったのだろうか。本章では、13代庄之助の紫は真紫白だったという立場である。准紫だったのか、それとも紫白だったのかに関しては、はっきり白黒をつけられない。白糸の割合を確認できる資料がないからである。これに関しては、拙著『大相撲立行司の軍配と空位』（H29）の第1章「紫房の異種」でも扱っている。たとえ13代庄之助が准紫を使用していたとしても、紫白を飛び越えて許されていないはずだ。まず初めに紫白房が許され、のちに准紫が許されたに違いない。本章では、紫白であろうと准紫であろうと、一括りにして紫としているので、紫の異種は問題にはならな

第2章　錦絵と紫房

い。それでは、その紫はいつ授与されたのだろうか。

　江戸時代の写本では紫授与の年月を記述した文字資料を読んだことがない[11]。錦絵ではどうなっているだろうか。庄之助が紫で描かれた錦絵はないだろうか。そのような錦絵を調べると、存在することがわかった。朱房と紫房が描かれた錦絵を比較すれば、紫房がいつ頃許されたかはかなり確実に推測することができる。

　元治元年（1864）から明治初期の錦絵をいくつか示す。

　②　元治元年3月、「勧進大相撲東西関取競」、国貞画、庄之助と伊之助はともに朱。『江戸相撲錦絵』（pp.146-8）。

　③　元治2年春場所の絵番付、「御免出世鏡」、庄之助・紫。景山編著『大相撲名鑑』（p.20）／景山編著『大相撲グラフティ』（p.48）。

　④　元治2年春場所、おもちゃ絵「志ん版流行子供角力」、庄之助・紫。景山編著『大相撲グラフティ』（p.48）。
　　　錦絵に行司名は記されてないが、紫であることから庄之助に違いない。力士の配列は元治2年春場所である。元治元年10月（冬）、小野川は関脇だったが、2年春場所では小結に降格している。

　慶応以降の錦絵では、庄之助は紫で描かれている。

　⑤　慶応2年（1866）3月、独り立ち姿、国貞画、庄之助・紫。学研『大相撲』（p.127）。

---

11)　江戸末期の相撲に関する写本と言っても、もちろん、それをすべて読んでいるわけではない。主だった写本を読んでいるにすぎないのである。まだ見ていない文字資料の中に紫房に関する記述があるかもしれない。

⑥ 明治1〜3年（1868〜1870）、「鬼面山横綱土俵入之図」、国輝画、露払い・五月山、太刀持ち・小柳、庄之助・紫。『江戸相撲錦絵』（p.65）。

　元治2年春場所以降の錦絵では、13代庄之助は紫で描かれている。したがって、紫がいつ頃許されたかとなると、元治元年冬場所、どの房色だったかによって決まると言ってよい。もし朱だったなら、紫は2年春からとなるし、紫だったなら、2年冬からとなる。元治元年冬場所の房色を確認したくて、その場所の絵番付や錦絵を相撲博物館が所蔵していないかどうか尋ねたが、残念ながら所蔵していなかった[12]。

4. 6代式守伊之助の紫房

　6代式守伊之助の在位期間は嘉永6年（1853）11月から明治13年（1880）5月までである。明治13年9月に亡くなっている。この行司は江戸末期に紫を臨時に許されている。これは次の新聞記事で確認できる。

① 『読売新聞』の「伊之助と紫紐の帯用」（M30.2.10）
　「式守家が紫紐を用いたる先例は今より三代前の伊之助が特許されしより外さらになく、この時の如きも当時東に雲龍久吉という横綱ありたりしに、また西より不知火光右衛門現れ、東西横綱なりしため、東は庄之助〔13代〕これを引き、西は伊之助が引くという場合よりして、伊之助が紫紐帯用の許可を受けたるものなれば、〔後略〕」

---

12)　現時点では、元治元年冬場所、13代庄之助の房色を確認できる文字資料や錦絵はないが、今後、見つかる可能性はある。そのような資料が見つかれば、朱だったか紫だったかを簡単に指摘できるはずだ。また、そのような資料が見つからない場合、他の資料を駆使して判断できることもある。たとえば、『読売新聞』（M30.2.10）の「式守伊之助と紫紐の帯用」を参考にすれば、13代庄之助は元治元年冬場所に紫房を許された可能性が高い。これについては後ほど詳しく触れる。

第2章　錦絵と紫房

　これには伊之助が横綱土俵入りを引くために、紫を一時的に許されたことが記されている。この伊之助はその紫をいつ許されたのだろうか。これは横綱雲龍と不知火が重なる時期を調べればわかるはずだ。

　横綱不知火は文久3年（1863）11月に横綱になっているが、横綱雲龍は元治2年（1865）2月に引退している。両横綱が重なるのは、文久3年11月〜元治2年2月である。なお、文久4年2月に元号が元治に変わり、元治2年4月に慶応に変わっている。横綱雲龍は元治2年春場所を全休し、その後に引退している。13代木村庄之助はおもちゃ絵や錦絵で見るように、元治元年春場所は朱房で、元治2年春場所は紫房だった。

　6代伊之助に紫房を吉田司家か当時の協会が臨時に許したのは、おそらく元治2年春場所だったに違いない。そうなると、13代木村庄之助に紫房を授与したのは、元治元年冬場所ということになる。13代木村庄之助は6代伊之助より先に紫が授与されていたとするのが自然である[13]。雲龍が元治2年春場所に出場するという前提で、伊之助に紫を臨時に許したが、雲龍は結果として出場しなかったのである。

　伊之助はその後、紫房を使用していない。伊之助が描かれている錦絵はすべて朱房である。

② 安政5年11月、不知火と陣幕の取組、芳員画、伊之助・朱。『江戸相撲錦絵』（p.64）。

③ 元治1年3月、「不知火横綱土俵入之図」、国貞画、露払い・桑ノ弓、太刀持ち・君ヶ嶽、伊之助・朱。『江戸相撲錦絵』（p.63）。
　伊之助が描かれた元治2年春場所の錦絵を見つけることはできなかっ

13）　6代伊之助に臨時に紫を許したのは、その前に13代庄之助が紫だったことを意味する。13代庄之助は元治元年春場所では朱、元治2年春場所では紫である。13代庄之助の房色の変化や6代伊之助の臨時の紫などを考慮すれば、13代庄之助の紫は元治元年冬場所とするのが自然である。庄之助と伊之助に同時に紫を許すことはないはずだ。

たが、絵番付でどの色で描かれているかが気になる。元治2年春場所の絵番付では、伊之助は顔触れを行っているので、軍配を携帯していない。この絵番付は景山著『写真と資料で見る大相撲名鑑』（平成8年、p.20）にも掲載されている。

④　慶応2年3月、独り立ち姿、国貞画、伊之助・朱。学研『大相撲』（p.127）。

⑤　慶応3年4月、「陣幕横綱土俵入之図」、国輝画、露払い・鯱の海、太刀持ち・相生、伊之助・朱。『江戸相撲錦絵』（p.64）。

⑥　慶応3年10月、「陣幕横綱土俵入之図」、国輝画、露払い・鯱の海、太刀持ち・相生、伊之助・朱。学研『大相撲』（pp.116-7）。
　　④と⑤の2つの「陣幕横綱土俵入之図」は同じ力士だが、図柄が違い、別物である。

　この6代伊之助は明治10年（1877）1月に主席行司（最高位の行司）になり、それは明治13年5月まで続いた。その間、木村庄之助は次席（第二席の行司）である[14]。6代伊之助は首席行司になっても、房色は朱のままだった。それは錦絵や絵番付で確認できる。

⑦　明治11年4月、「境川横綱土俵入之図」、国明筆、露払い・海波、太刀持ち・勝ノ浦、伊之助・朱。学研『大相撲』（pp.142-3）。
　　6代伊之助は明治10年1月から明治13年5月まで首席だったが、朱で

---

14)　この14代木村庄之助は明治14年1月に主席行司になっている。もしこの行司が紫を許されたとしたら、明治14年以降ということになる。しかし、錦絵を見る限り、ほとんどが朱房であり、紫はほんのわずかである。数はものすごく少ないが、紫で描かれたものもあることは確かだ。なぜ紫で描かれた錦絵があるのか、今のところ、はっきりしない。

第2章　錦絵と紫房

ある。

⑧　明治11年5月と明治12年5月の絵番付「御覧出世鏡」、伊之助・朱。
　相撲博物館所蔵。
　明治11年5月の絵番付は『歴史街道―相撲　なるほど歴史学』（昭和
　63年6月特別増刊号、p.45）にも掲載されているが、白黒のため房色は
　識別できない。

⑨　明治13年5月、絵番付「御覧出世鏡」、伊之助・朱。『大相撲カード
　(155)』、1997、ベースボール・マガジン社。

　このように、6代伊之助が描かれた錦絵では、残念ながら紫は見つからな
かった。すべて朱だったのである。したがって、錦絵では伊之助が紫を臨時
に使用していたかどうかはわからない。6代伊之助が紫を臨時に許されたら
しいことがわかったのも、『読売新聞』（M30.2.10）の「式守伊之助と紫紐の
帯用」という記事である。この記事を手掛かりとしてその年月を特定してみ
ると、元治元年冬場所であると推定できたのである。それによって13代木
村庄之助が紫を許された年月も特定することができた。これが正しい判断か
どうかは今後の研究を俟ちたい。

5.　14代木村庄之助の紫房

　14代木村庄之助の在位期間は明治10年（1877）1月から明治18年（1885）
1月までである。明治17年8月に庄之助は亡くなっているので、18年1月の
番付記載は死跡である。明治17年3月の天覧相撲には病気だったにもかかわ
らず出場し、「これより三役」の取組3番を裁いている。この天覧相撲は豪
華絢爛で盛大だったため、人々の関心も高く、錦絵もたくさんある。横綱土
俵入りを引いたのは木村庄之助ではなく、木村庄三郎だった。そのためか、

45

錦絵では庄之助よりも庄三郎が多く描かれている。この天覧相撲の錦絵で14代庄之助はほとんどすべてと言っていいくらい、朱房で描かれている。これらの錦絵から判断すれば、14代庄之助の房色は朱だったに違いない。ところが、錦絵の中には紫で描かれたものがいくつかある。

① 明治11年4月9日、境川横綱土俵入之図、国明筆、露払い・勢、太刀持ち・勝浦、庄之助（14代）は紫、出版人・山本与一。相撲博物館所蔵／個人所蔵。
庄之助は扇子を差している。

　明治11年4月9日付の「境川横綱土俵入之図」では確かに庄之助は紫だが、これは真実を反映していないようだ。明治10年1月から明治13年5月まで伊之助が首席でありながら朱房だったので、次席の庄之助が紫房というのは不自然である。

② 明治11年1月、境川横綱土俵入之図、国明筆、露払い・四海波、太刀持ち・勝浦、庄之助（14代）は朱、出版人・山本与一。相撲博物館所蔵。
伊之助は扇子を差している。届日が「1月　日」となっている。図柄は①と同じだが、細かい点はいくつか異なる。行司の表情も異なる。伊之助と庄之助も異なる。出版人も異なる。

③ 明治11年4月9日、境川横綱土俵入之図、国明筆、露払い・四海波、太刀持ち・手柄山、庄之助（14代）は朱、出版人・山本与一。相撲博物館所蔵／個人所蔵。
庄之助は扇子を差している。②の錦絵とよく似ているが、まったく同じではない。たとえば、この錦絵には呼出しが描かれているが、②には描かれていない。年寄（すなわち検査役）の腕や背中の紋章（図）が異なる。それから、露払いの腕の描き方が異なる。②と月日が異な

第2章　錦絵と紫房

ることから、②のあとで販売されたのかもしれない。

④　明治11年4月9日、境川横綱土俵入之図、国明筆、露払い・勢、太刀
　　持ち・手柄山。庄之助（14代）は朱、出版人・山本与一。相撲博物館
　　所蔵／個人所蔵。
　　庄之助は扇子を差している。③の錦絵と年月日は同じ。一見して、図
　　柄はよく似ているが、まったく同じではない。たとえば、呼出しの顔
　　の向きが反対方向である。

次の⑤は伊之助も庄之助同様に朱で描かれている。

⑤　明治11年1月、境川横綱土俵入之図、国明筆、露払い・四海波、太刀
　　持ち・勝浦、伊之助（6代）は朱、元版・松木平吉。相撲博物館所蔵
　　／学研『大相撲』（pp.142-3）。
　　伊之助は扇子を差している。届日が「1月　日」となっている。

　このように、「境川横綱土俵入之図」には異なる錦絵がいくつかある。そ
れでは、紫と朱のうち、いずれが事実に即しているのだろうか。明治11年1
月の「境川横綱土俵入之図」であれば、朱が事実に即しているに違いない。
当時、伊之助が首席で、庄之助が次席だったからである。
　それでは、庄之助が紫で描かれているのはなぜだろうか。これに対する答
えはない。絵師が実際に見て描いていないかもしれないし、興味本位で異な
る房色で描いたかもしれない。別の理由があるかもしれない。だが主席の伊
之助が朱なのに、次席の庄之助が紫に描かれること自体が不自然である。
　面白いことに、同じ「境川横綱土俵入之図」でありながら、裁く行司が木
村庄五郎（のちの瀬平）になっている錦絵がある。

⑥　明治11年4月9日、境川横綱土俵入之図、国明筆、露払い・龍門、太
　　刀持ち・勢、木村庄五郎は紫。出版人・山本与一。個人所蔵／相撲博

47

物館所蔵。

庄五郎は帯刀している。扇子ではない。

　木村庄五郎は足袋で、無草履である。木村庄五郎は当時、幕内行司だったはずで、草履を履いていないはずだ。無草履で、横綱土俵入りを引いているのも妙である。なぜこのような錦絵が描かれたのかはわからない。⑥の錦絵などは茶化して描いたとしか言いようがない。ここで取り上げるのにも気が引けるが、錦絵にもいろいろあることを示す材料としてあえて取り上げることにした。

　紫で描かれていながら、茶化して描いてあるとは思えない錦絵がある。庄之助は明治14年1月に主席になっているので、伊之助の房色と異なっていても不自然ではない。この6代伊之助は明治13年9月に亡くなっている。

　⑦　明治14年5月、「豊歳御代之栄」、安次画、梅ケ谷と若嶋の取組、庄之助（14代）は紫、出版人・松木平吉。相撲博物館所蔵。
　　　これは島津別邸で行われた天覧相撲を描いたもの。

　⑧　届日明治十　年　月、「勇力御代之栄」、国明画、梅ケ谷と楯山の取組、庄之助・紫。相撲博物館所蔵／個人所蔵。
　　　梅ケ谷と楯山の取組を描いた錦絵「勇力御代之栄」（国明画）があるが、庄之助は紫房になっている。この錦絵は「豊歳御代之栄」を基に少し書き換えている。2つの錦は絵師が異なるだけでなく、力士の表情など細かい部分が異なる。錦絵は明治10年代に描かれているが、より正確には明治16年6月から17年6月の間に描かれているに違いない。楯山は明治15年6月に若嶋から改名し、明治17年5月に引退している。

　なぜ明治14年5月付けの錦絵「豊歳御代之栄」で庄之助が紫で描かれているかは不明である。「御請書」は明治15年7月に交わされたものだから、こ

第2章　錦絵と紫房

れに従っていないのは確かだ。また明治14年5月以降に描かれた錦絵ではほとんどすべてと言っていいくらい、朱である[15]。天覧相撲のために、一時的に紫が許されたものでもないはずだ。明治17年3月の天覧相撲では、庄之助は朱で描かれている。

　錦絵「勇力御代之栄」の図柄は「豊歳御代之栄」によく似ている。力士の改名から推測して明治16年6月から17年6月の間に描かれている。紫が永続的なものであったなら、その頃に描かれた他の錦絵も紫になっているはずだ。しかし、同じ頃の錦絵は朱になっている。

　⑨　明治15年2月、若嶋と梅ケ谷の取組。庄之助（14代）は朱房、出版人・山本与一。相撲博物館所蔵。

　⑩　明治15年5月、楯山と梅ケ谷の取組、国明画、出版人・山本与一、庄之助・朱。ビックフォード編『相撲と浮世絵の世界』（p.44）。

　その頃の錦絵では朱色が圧倒的に多いことから、「豊歳御代之栄」と「勇力御代之栄」の紫は事実をそのまま反映していないはずだ。しかし、なぜ紫で描かれているかはわからない。

　庄之助は明治16年以降の錦絵でも朱である。参考までにいくつか示す。

　⑪　明治16年5月、武者ケ埼と綾瀬川の取組、行司名は不明だが房色は朱。相撲博物館所蔵。

---

15)　14代木村庄之助が紫白房を授与されていたことを確認できる文字資料は明治15年の「御請書」だけである。それ以外の文字資料ではまだ確認できていない。このことは、やはりこの「御請書」の信頼性に問題があることを示している。なぜ「御請書」のとおりに行司へ房色が授与されなかったのかはもっと調べる必要がある。錦絵の中には、14代木村庄之助が紫で描かれているものもある。なぜ一貫して紫で描かれていないかについてももっと吟味しなければならない。これらについては今後の研究に俟つしかない。

⑫ 明治17年4月1日、画題なし、大鳴門と西ノ海の取組、庄之助・朱、出版人・松木平吉。相撲博物館所蔵／個人所蔵。

⑬ 明治17年4月1日、画題なし、梅ケ谷と西ノ海の取組、庄之助・朱。出版人・松木平吉。相撲博物館所蔵／個人所蔵。

⑭ 明治17年5月19日、「御濱延遼館於テ天覧角觝之図」、国明画、大達と梅ケ谷の取組、出版人・山本与一、庄之助・朱。相撲博物館所蔵。

　このように見てくると、14代庄之助はずっと朱房だったことがわかる。錦絵の中には紫で描かれたものもあるが、今のところ、なぜ紫で描かれたのかはわからない。14代庄之助本人がその錦絵を見たら、「なぜだ。このとおりずっと朱房を使用しているぞ」と叫ぶかもしれない。本章では紫色になっている理由を解明できないので、謎として残しておきたい。

　なお、池田著『相撲の歴史』（pp.118-9）に錦絵「天覧角觝之図」（国明画）が掲載されている。剣山と大達の取組み、裁く行司は式守伊之助（朱房）となっている。池田氏の説明文によると、この錦絵は明治17年3月の天覧相撲を描いたものである。想像で描いたのかもしれないが、行司が明らかに間違っている。式守伊之助は16年8月に亡くなっていて、その天覧相撲には出場していないからである。絵師の国明は式守伊之助が出場していないことを知っていたに違いない。それを知りながら、あえて式守伊之助の名をわざわざ記したのかもしれない。もしかすると、この錦絵は別の天覧相撲を描いているのかもしれない。この錦絵に関しては、わからないことがあることを指摘しておきたい。

6. 15代木村庄之助の紫房

　塩入編『相撲秘鑑』によると、15代木村庄之助は少なくとも明治19年

第2章　錦絵と紫房

(1886) は朱房だった。本の発行年月を考慮すれば、1月場所では朱だったに
違いない。

　① 塩入編『相撲秘鑑』（M19.3）
　　「団扇は真紅の紐を用いるは甚だ重きこととなし来たりたるものにて、
　　昔は庄之助、伊之助の二人のみしが、〔中略〕今にては前のごとく木
　　村、式守の二人のみなり」（p.30）

しかし、この庄之助は明治23年（1890）では紫になっている。それは次の
新聞記事で確認できる。

　②『読売新聞』の「相撲の古格」（M23.1.19）
　　「その免許は第一紫の紐房、第二緋、第三紅白にして、当時〔現在：
　　著者注〕この紫を用いるは庄之助、緋色は伊之助、木村庄五郎〔のち
　　の木村瀬平〕、同誠道、同庄三郎〔5代〕の四名なり」

　15代庄之助が朱房から紫房に変わったのは、明治19年から明治23年の間
ということになる。では、いつ頃その紫になっただろうか。もっと具体的に
その年月を特定できないだろうか。今までのところ、その年月を特定できる
文字資料を見ていない。したがって、文字資料では年月の特定はそれ以上進
まない。
　ところが、錦絵を調べてみると、その年月をかなり絞り込むことができ
る。幸い、朱房と紫房で描いた別々の錦絵がある。それを比較すれば、紫が
いつ頃許されたかを推測できる。

　③ 明治18年6月29日、梅ケ谷横綱土俵入之図、国明筆、露払い・友綱、
　　太刀持ち・大鳴門、（15代）庄之助・朱、出版人・山本与一。相撲博
　　物館所蔵。

木村庄三郎は明治18年5月から15代庄之助を襲名している。襲名当時の房色は朱だったに違いない。それをこの錦絵は反映している。ただしこの錦絵には腑に落ちない点が1つある。それは5月場所の土俵入りを描いたものなのだろうかということである。梅ケ谷は5月場所を欠場している。実際、5月場所の取組表には梅ケ谷は記載されていない。相撲は取らないが、横綱土俵入りはしたのだろうか。その辺りの事情に詳しくないので、この錦絵が実際に5月場所の土俵入りを描いたものかどうかを素直に受け入れることができない。しかし、15代庄之助が明治18年6月頃、朱房だったことは間違いない。

　15代庄之助の房色を判別できる明治19年1月頃の錦絵はまだ見つかっていないが、5月に描かれた錦絵がある。

　④　明治19年5月、「宿禰神社祭典大相撲之図」、剣山と大達の取組、国明画、大黒屋出版。相撲博物館／『国技相撲の歴史』（S52.10、pp.132-3）。
　　　木村庄之助は朱である。

　この錦絵に基づけば、15代庄之助は明治19年5月まで朱だったことがわかる。文字資料としての塩入編『相撲秘鑑』では明治19年春場所、5月の錦絵「宿禰神社祭典大相撲之図」では朱であることが確認できた。

　明治20年になると、房色を確認できる錦絵がある。

　⑤　明治20年2月、「華族会館角觝之図」、国明筆、大達と剣山の取組、庄之助・紫、出版人・松木平吉。相撲博物館所蔵。

　この錦絵に基づけば、15代庄之助は明治20年1月場所には紫を許されていたに違いない。明治20年以降の錦絵では庄之助は紫で描かれている。そのいくつかを参考までに示す。

第2章　錦絵と紫房

⑥　明治20年12月、「弥生神社角觝之図」、国明画、西ノ海と剣山の取
　　組、庄之助・紫、出版人・松木平吉。相撲博物館所蔵。

⑦　明治21年4月、「弥生神社角觝之図」、国明筆、一ノ矢と大鳴門の取
　　組、庄之助・紫、大黒屋・松木平吉。相撲博物館所蔵。

⑧　明治23年、「西ノ海の横綱土俵入り」、春宣筆、露払い・千年川、太
　　刀持ち・綾浪、庄之助・紫、発行人・松木平吉。相撲博物館所蔵。

⑨　明治25年5月、「西ノ海横綱土俵入り」、春宣画、露払い・千年川、太
　　刀持ち・朝汐、庄之助・紫、出版人・松木平吉。相撲博物館所蔵／個
　　人所蔵。

不思議なことに、明治20年以降に描かれた錦絵で庄之助が朱になってい
るものがある。

⑩　明治24年5月、「延遼館小相撲天覧之図」、東洲勝月画、西ノ海の横綱
　　土俵入り、露払い・一ノ矢、太刀持ち・鬼ヶ谷、庄之助・朱、発行
　　者・長谷川常次郎。相撲博物館所蔵。
　　庄之助は明治20年以降紫を使用していたにもかかわらず、この錦絵
　　では朱で描かれている。なぜ朱なのか、その理由は不明である。

⑪　明治28年6月20日、「大相撲取組之図」、春斎藤年昌筆、小錦と西ノ
　　海の取組、松木平吉版元。個人所蔵。
　　木村庄之助は朱房で描かれている。この錦絵は明治28年6月頃の取組
　　を描いているのかどうかを確認していない。土俵の周囲に10名ほど
　　の力士が描かれているので、それを手がかりに具体的な年月を特定で
　　きるかもしれない。

53

⑫ 明治28年11月10日、「靖国神社臨時大祭之図」、東洲勝月画、西ノ海の横綱土俵入り、露払い・一ノ矢、太刀持ち・鬼ヶ谷、庄之助・朱、発行者・長谷川常次郎。個人所蔵。

この錦絵は明治24年5月日付の「延遼館小相撲天覧之図」を一部変えたものである。複製のような錦絵なので、房色を変えなかったのかもしれない。画題を変えているくらいだから、朱房も変えてよさそうなものだが、あえて元の朱のままにしたのかもしれない。

このように、当時当たり前になっていた紫を異なる朱に変えて描くのには何か理由があるはずだが、それは不明としておく。

なお、15代庄之助は初め紫白房を使用していたが、後に准紫を使用している。いつ紫白から准紫になったかは錦絵ではわからない。錦絵ではいずれも紫に描かれてしまうからである。文字資料ならいつ頃変わったかを知ることができるだろうか。次の新聞記事では紫白と准紫の区別があったことを知ることはできるが、その年月を知ることはできない。

⑬ 『読売新聞』の「西の海の横綱と木村庄之助の紫紐」（M25.6.8）

「庄之助は代々家柄に依り軍扇に紫紐を用いるといえども（但し白2、3本打交ぜありという）、熊本興行中は司家に対し相憚り紫白打交ぜの紐を用いたりしもこの日〔4月7日：本章〕西の海の位に伴われ横綱方屋入り〔土俵入り：本章〕を曳きゆる行司なればとて、当日限り紫紐の允許あり。続いて同興行中は苦しからずとの特許ありたるため自然黙許のごとくなりたるが、今回の両国大場所も同じく紫紐を用いる由〔後略〕」

この紫紐が総紫でなく、准紫であることは三木・山田著『相撲大観』（M35）の記述からもわかる。

⑭ 三木・山田編『相撲大観』（M35.12）

第2章　錦絵と紫房

　　「紫房は先代〔15代〕庄之助が一代限り行司宗家、肥後の熊本なる吉
　　田氏よりして特免されたるものにて、現今の庄之助〔16代〕および
　　瀬平もまたこれを用いるといえでも、その内に1、2本の白色を交え
　　おれり」(p.300)

　19代庄之助は紫白房を正式に許されていたが、西ノ海が横綱になったこ
ろから准紫を使いだしたかもしれない。

⑮　鎗田著『日本相撲伝』(M35)
　　「先代（15代目）庄之助が去る23年西の海が横綱免許を得たる後、九
　　州地方巡業の際、熊本にて10日間興行をせし時、吉田家の祖神を拝
　　礼する時、横綱を帯び露払い太刀持ちを連れ、すべて土俵入りの時と
　　同じこの折、追い風の代理を務めたる庄之助へ紫房の団扇紐と免され
　　て以来、木村家の重宝たり。また30年5月8代目伊之助へ勤功により
　　紫紐を免許し、34年当代木村瀬平へ長年の勤功により紫紐を許され
　　たり。」(p.46)

　この記述では紫白と准紫を区別せず、単に紫としているが、明治23年当
時はすでに紫白を許されていた。この紫は准紫のことを指しているに違いな
い。したがって、西ノ海が明治23年1月に次の5月場所から横綱に昇進する
ことが決まった頃から、庄之助は横綱土俵入りを引くとき准紫を使うように
なったのかもしれない。初めは横綱土俵入りのときだけだったが、いつの間
にか普通の取組でもそれを使用するようになったのかもしれない。そういう
事情から、熊本巡業では横綱土俵入りの場合だけ、准紫の使用を改めて願い
出たのかもしれない。
　本章では、15代庄之助の紫がいつ頃から許されたかを錦絵で確認するこ
となので、准紫の使用やその年月についてはあまり深入りしないことにす
る。ただ特に指摘しておきたいことは、15代庄之助が准紫の使用を許され
た最初の行司だということである。それがいつ許されたかはまだ不明である。

55

7. 今後の課題

立行司5名の紫がいつ頃許されたかを錦絵で確認してきたが、どうしても解決できないことがいくつかあった。それを具体的に記して、今後の課題としておきたい。

(1) 9代木村庄之助の紫は錦絵で確認できたが、その年月は特定できなかった。文政7年（1824）10月から文政10年夏のあいだにその紫は許されているに違いない。今後は、その年月を特定できる文字資料なり錦絵を見つけることが必要である。

(2) 13代木村庄之助の紫は元治元年冬場所に授与されていることが錦絵で確認できた。今後は、それを裏づける根拠を文字資料や錦絵で見つけることが必要である。どちらかと言えば、錦絵が有力な手がかりとなるはずだ。

(3) 6代式守伊之助の紫は臨時に許されたものだが、それは文久4年（1864）1月場所、元治元年（1864）冬場所、元治2年春場所のいずれかである。今後は、その年月を確認できる証拠を文字資料や錦絵で見つけることである。

(4) 14代木村庄之助の紫を文字資料で確認することはできない。しかし、明治11年（1878）4月と14年5月の日付がある錦絵では紫で描かれたものがある。今後は、それが事実を反映しているかを吟味することである。

(5) 15代木村庄之助の紫が授与された年月は明治20年（1887）であることは確認できた。この紫は厳密には紫白である。明治25年頃には准紫を使用しているが、その年月を特定することはできなかった。今後の課題は、その年月を確認できる証拠を見つけることである。

第2章　錦絵と紫房

　なお、14代木村庄之助の紫に関しては文字資料として「御請書」（M15.7）
が参考になるかもしれないが、これについては本章ではまったく触れなかっ
た。なぜならこの文書は明治14年5月付の錦絵と直接関係ないと判断したか
らである[16]。もしこの文書に述べてあるとおりならば、14代庄之助は明治
14年5月以降ずっと紫を使用していたに違いない。しかし、事実は異なる房
色、つまり朱房である。

---

16)　この文書は荒木著『相撲道と吉田司家』（S34）や吉田著『原点に還れ』（H22）に掲
　　載されている。拙著『大相撲立行司の軍配と空位』（H29）の第1章「紫房の異種」
　　でも扱っている。

第3章　総紫の出現

1. 本章の目的

　現在、木村庄之助の房色は総紫である。しかし庄之助の房色は昔からずっと総紫だったわけではない。総紫の前は准紫だった[1]。准紫の前は紫白だった。紫白の前は朱だった。このように、木村庄之助の房色は変わってきたのである。本章では、准紫と総紫の2つに絞り、次のことを論じる。

(1) 木村庄之助の房色が准紫から総紫に変わったのは行司装束改正と同じ明治43年（1910）5月場所である。階級色としての総紫や新装束の決定は明治43年1月下旬で、その正式な使用は5月場所だった。したがって、階級色が決まったのは43年1月としてもよいし、5月としても間違ってはいない。本章では本場所での使用を重視し、5月場所としておきたい。

(2) 木村庄之助の階級色が総紫となったのは明治43年5月だが、その房色を免許状で改めて授与したのか、それとも免許状以外の文書や口頭で許したのかは定かでない。総紫は従来の准紫に混じっていた1本ない

---

1) 紫房や紫白房は単に紫や紫白として表すこともある。色の後に房をつけなくても、団扇の色であることが明確である。なお、紫糸の異種に関しては、たとえば拙著『大相撲行司の半々紫白と立行司の空白』（H29）の第1章「紫房の異種」でも詳しく扱っている。

し3本くらいの白糸を取り除くだけだったので、改めて免許状を出していないかもしれない[2]。

　准紫とは紫糸の中に白糸が1本ないし3本くらい混じった房のことであり、総紫とはすべての糸が紫である房のことである。准紫は紫白の一種である[3]。15代木村庄之助は明治25年頃に准紫を使用していたが、それをいつから使用していたかは定かでない[4]。16代木村庄之助と6代木村瀬平もともに准紫を使用していた。その准紫がいつまで続いていたのかは必ずしも明白ではない。本章の目的の1つは、准紫の使用がいつ終わり、総紫の使用がいつ始まったか、その期日を調べることである。

　紫白の免許状では「紫白打交紐」という表現になっていた[5]。准紫の免許状ではどう書かれていたのだろうか。実は、これがはっきりしない。准紫から総紫に変わったとき、常に免許状が授与されたかどうかもわからない[6]。たとえば、16代木村庄之助が准紫から総紫になったとき、その新しい房色は免許状で授与されたのだろうか。免許状ならその文面はどのように総紫を

---

2) 本章では扱わないが、他の階級色の場合も改めて免許状は出していないはずだ。その階級色が従来と変わりなかったからである。式守伊之助の紫白の場合、従来の白糸の割合に変化があったかもしれない。

3) 当時の新聞や相撲の本などでは准紫は単に紫として表してある。吉田司家の免許状ではこの紫は「紫白打交紐」となっており、厳密には紫白である。紫白も紫として表すこともある。たとえば、16代木村庄之助や6代木村瀬平は准紫の前は紫白だったが、当時の新聞記事ではその紫白を紫として書いている。

4) 15代木村庄之助が准紫を明治25年に使用していたことは確かだが、それ以前にも使用していた可能性がある。それは『読売新聞』の「西の海の横綱と木村庄之助の紫紐」(M25.6.8) でも確認できる。この記事では15代木村庄之助以前にも准紫が許されたとあるが、それが正しいのかどうかは不明である。

5) この紫白は准紫より下位の房色である。15代以前の木村庄之助の中には、たとえば9代や13代木村庄之助のように、この紫白を許されたものもいる。准紫は15代木村庄之助に初めて許されたとするのが普通の見方である。紫白も准紫も同じ紫白だが、白糸の割合が異なることから別々の免許状が授与された可能性が高い。しかし、免許状の文面がどのように異なっていたかは不明である。

第3章　総紫の出現

表現したのだろうか。総紫は免許状以外の方式で許されなかっただろうか。これを調べるのが本章のもう1つの目的である。

2.　准紫の確認

15代木村庄之助は准紫を使用していた。それは次の新聞記事で確認できる。

① 『読売新聞』の「西の海の横綱と木村庄之助の紫紐」（M25.6.8）
　「木村庄之助は代々家柄に依り軍扇に紫紐を用いるといえども（但し白2、3本打交ぜありという）、熊本興行中は司家に対し相憚り紫白打交ぜの紐を用いたりしもこの日〔4月7日：本書〕西の海の位に伴われ横綱方屋入り〔土俵入り：本書〕を曳きゆる行司なればとて、当日限り紫紐の允許あり。続いて同興行中は苦しからずとの特許ありたるため自然黙許のごとくなりたるが、今回の両国大場所も同じく紫紐を用いる由〔後略〕」

② 『読売新聞』の「式守伊之助と紫紐の帯用」（M30.2.10）
　「〔前略〕この度行司式守伊之助は軍扇に紫紐を帯用せんとて裏面より協会へ申し出たりしに、協会においても紫紐房は木村庄之助〔15代：本書〕といえども、房中に2、3の白糸を撚り混ぜ帯用することなれば、〔後略〕」

---

6)　16代木村庄之助と6代木村瀬平が紫白から准紫になったときは、免許状でその房色が授与されている。16代木村庄之助は明治32年5月、6代木村瀬平は明治34年4月、それぞれ准紫の免許状が授与されている。免許状では准紫ではなく、紫となっていたはずだ。15代木村庄之助は明治25年当時、准紫を使用しているが、それは正式な免許状で授与されたものではない。そのため、熊本興行では吉田司家に遠慮し、紫白を使用している。その紫白は免許を受けていた。

61

この15代庄之助は紫白の免許を授与されているが、吉田司家の黙許で准紫も使用している。つまり、協会の許可は受けているが、吉田司家からは正式の免許を授与されていない。吉田司家は准紫の使用を黙認していたので、ときどき黙許で使用していたと表されていることもある[7]。この黙許がいつまで続いたかは定かでない。15代木村庄之助には明治31年（明治30年：本書）1月、紫に関する何らかの免許が授与されたという文献がいくつか見られるが、それがどのような免許なのかは定かでない。

　16代木村庄之助と6代木村瀬平は明治35年（1902）当時、ともに准紫だった。これは次の記述でも確認できる。

　③　三木・山田編『相撲大観』（M35.12）
　　「紫房は先代〔15代：本書〕木村庄之助が一代限り行司宗家、肥後の熊本なる吉田氏よりして特免されたるものにて、現今の庄之助〔16代：本書〕および瀬平もまたこれを用いるといえども、その内に1、2本の白色を交えおれり」（p.300）

また、吉田著『原点に還れ』には、次のような記述がある。

　④　吉田著『原点に還れ』（H22）
　　「江戸時代は吉田追風家門弟である木村庄之助には、軍配の房の色は緋房『深紅色』を授与していた。当時、紫房は禁色で、吉田追風家の団扇にだけ認められていた。その後、明治31年、15代木村庄之助に対し23世追風善門が初めて紫分の団扇として紫房を授与し、それ以降今日に至っている」（p.135）

これは二つの点で事実を正しく反映していない。

---

7)　臨時に許可する場合、特別に允許と呼ぶこともある。これは文書で許可したものかもしれない。永続的な免許状ではないので、やはり一種の黙許である。

第3章　総紫の出現

(1) 15代木村庄之助は明治30年9月に亡くなっているので、「明治31年」は誤りである。これは「明治30年」の勘違いかもしれない[8]。

(2) 15代木村庄之助に総紫が初めて許されたとあるが、この行司は総紫を授与されていないし、後継者の16代木村庄之助も総紫を使用していない。16代木村庄之助は、三木・山田編『相撲大観』（M35）にあるように、明治35年当時、准紫だったからである。

　これらの資料からわかるように、木村庄之助は確かに紫を使用していたが、その紫は厳密には准紫だったのである。新聞や本では、ほとんどの場合、准紫と紫白を一括りにして単に紫として記述してある。この「紫」という記述だけでは、それが准紫なのか、紫白なのか区別できない。

　さらに、その准紫にしても、最初からそれを授与されていたわけでない。最初は紫白を授与され、のちに准紫を改めて授与されている。そうなると、いつ紫白から准紫になったかを特定しなければならない。実は、この特定が難しいのである。

3.　紫白打交紐

　三木・山田編『相撲大観』（M35）以降、木村庄之助の房色が准紫だと明確に指摘してある文献は見当たらない[9]。私が調べた限り、すべての文献は紫だと記述している。その紫が総紫なのか、それとも准紫なのかはわからないのである。たとえば、次の新聞記事では木村庄之助は紫となっている。本章で言及する行司のみを示す[10]。

---

8) どの本でも「明治31年」となっているので、勘違いではなく、私が何か重大なことを見落としているのかもしれない。それが何かは、今のところ、わからない。

9) 北川著『武士と相撲道』（M44）や枡岡・花坂著『相撲講本』（S10）にも准紫について述べられているが、それは15代木村庄之助の房色である。16代木村庄之助や6代木村瀬平の准紫ではない。

63

① 『東京朝日新聞』の「大角觝見聞記」(M36.5.29)

　「・紫房・帯刀・土俵草履御免：　木村庄之助、木村瀬平

　　・朱房・帯刀・土俵草履御免：　式守伊之助[11]

　・朱房三役格：　木村庄三郎[12]、木村庄太郎[13]

　・紅白幕内格：　木村進[14]、木村小市[15]、木村朝之助[16]、〔後略〕」

　この紫は総紫だろうか、それとも准紫だろうか。記事だけではどの紫なのかわからない。それを知る手掛かりとして、次の新聞記事が参考になる。

② 『東京朝日新聞』の「行司木村家と式守家」(M41.5.19)

　「現代の行司にして古実門弟たるは木村庄之助と式守伊之助となり。

　両人の位は庄之助が年長たると同時にその家柄が上なるを以て、先ず

　庄之助を以て上位とせざる可からず。軍扇に紫白の打交ぜの紐を付す

---

10) 記事全体は本章の末尾に資料として示してある。当時の各行司の地位と房色が示されており、房色を確認するのに大いに役立つ。

11) 式守伊之助（9代）は明治37年5月に紫白を授与されている（『都新聞』(M37.5.29)。明治36年（1903）当時はまだ朱だった。

12) 木村庄三郎（のちの10代式守伊之助、17代木村庄之助）は明治38年5月に紫白房を授与されている（『時事新報』(M38.5.15)。時事新報では房色の記述はないが、他の資料に式守伊之助の房色と同じとあることから紫白と判断している。錦絵「（大砲）横綱土俵入之図」（玉波画、露払い・大戸崎、太刀持ち・太刀山、発行者・松本平吉、明治38年5月10日発行）では紫で描かれている。

13) 明治38年10月に亡くなった（『読売新聞』(M38.10.11)）。

14) 木村進は明治45年（1912）、11代式守伊之助になった。明治43年6月の行司装束の改革ではこの進が活躍したらしいが、どのような貢献をしたかはまだ調べていない（『大相撲人物大事典』(H13, p.694)／金指著『相撲大事典』(H14, p.130)）。『相撲画報』(T14.12)の「あつさんの事　附けたり庄之助物語」(pp.54-5)の中に「この伊之助は、相撲の故実に明るく、今の行司の服装のとき、この進の案になったものであるが、土俵の上は下手であった」(p.55)とある。

15) 木村小市は木村誠道に改名した。大正3年（1914）、12代式守伊之助になった。

16) 木村朝之助は大正11年（1922）に18代木村庄之助になった。

第3章　総紫の出現

るはその資格ある 験 なり」

　これは吉田追風が語ったことを記事にしたものである。この記事による
と、木村家も式守家も同じ紫白打交紐である。つまり、房色は紫白であっ
て、総紫ではない。准紫と紫白はともに紫として扱うことがある。しかし、
准紫であろうと紫白であろうと、白糸は混じっている。

　木村庄之助は明治35年（1902）にはすでに准紫を授与されていたので、そ
れをそのまま明治36年5月に使用していたことになる。それは木村瀬平にも
そのまま当てはまる。この記事からわかるように、少なくとも明治41年5月
までは木村庄之助は准紫だった。木村瀬平も木村庄之助と同じように准紫で
あり、明治38年2月に亡くなるまでずっと准紫だった[17]。

　吉田追風が語っているように（『東京朝日新聞』の「行司木村家と式守家」
（M41.5.19））、明治41年5月頃には16代木村庄之助の「紫」は、厳密には准
紫だった。もしこの庄之助が当時、総紫だったなら、吉田追風は「紫白打交
紐」という表現を用いなかったはずだ。それでは、いつごろ、木村庄之助は
准紫から総紫になったのだろうか。

4.　行司装束改正

　明治42年（1909）5月に国技館が開館し、その頃から行司装束の改正が話
題になっている[18]。実際に装束が改正されたのは、明治43年5月である。
その際、装束の露紐や飾り紐などの色は行司の階級色と同じになった[19]。
では、その階級色はいつ決まったのだろうか。それがわかれば、木村庄之助

---

17)　木村瀬平は明治34年4月に「紫」を許されている（『読売新聞』の「木村瀬平以下行
　　司の名誉」（M34.4.8））が、免許状では「紫白紐」となっていたようだ（『時事新
　　報』の「故木村瀬平の経歴」（M38.2.6））。
18)　国技館開館以降に行司装束の改正が話題になっているが、それについては風見著
　　『相撲、国技となる』の「品格ある身なりにする」（pp.119-32）に詳しい。

65

がそれまでの准紫から総紫になった時期もわかるはずだ。

　行司の階級色が新しい装束の飾り紐と一致するようになったと言っても、階級色が改めて大きく変わったわけではない。多くの階級色はほとんど変わらなかったのである[20]。階級色が特に変わったのは立行司の房色であり、その中でも木村庄之助の房色である。つまり、それまでは准紫だったが、総紫に変わったのである。式守伊之助の房色は紫白のままだったが、白糸の割合には変化があったのかもしれない[21]。

　改正後の新しい行司装束が正式にお披露目になったのは明治43年5月だが、それ以前に木村庄之助の房色は決まっていたに違いない。国技館開館は明治42年6月で、新しい行司装束の着用が明治43年5月だったので、その間に木村庄之助の総紫が決まったことになる。新装束の決定がいつだったかがわかれば、それと同時期かそれ以前に階級色の総紫が決まったことになる。そのように考えて、新装束がいつ決まったかを当時の新聞で調べることにした。

　階級色や装束と関係がありそうな記事のいくつかを次に示すことにする[22]。

---

19)　行司の階級は以前から房の色で表していた。房色が先にあり、装束の飾り紐などが房色に一致するようになっただけである。すなわち、装束改正時には立行司の紫を細分化したことになる。

20)　幕下格以下の房色が明確に黒か青として決まったのも明治43年5月かもしれない。黒色はそれ以前から使用されていたが、青は初めて出てきた房色だからである。明治43年5月以前でも幕下格以下の房色は黒として決まっていたわけでなく、慣例としてたまたま黒色が使われていただけかもしれない。なぜなら、上位の房色以外ならどの色でもよいという記述が見受けられるからである。

21)　半々紫白が従来から階級色としてあったかどうかは不明である。43年5月以降の式守伊之助の紫白とそれまでの紫白や半々紫白を区別するとき、本章では前者を特別に「真紫白」と呼んでいる。

22)　ここで示した以外にもまだ記事はあると思われるが、調べきれてはいない。しかし、探し求めていた装束の内定と装束の試着について述べてある記事が見つかったので、ひと安心した。

66

第3章 総紫の出現

①『時事新報』の「行司服装の改正」（M43.1.12）
「角觝協会にては、今日の行司がほとんどみな散髪なるに、裃〔かみ
しも〕を着するは何となく不調和なれば、その服装を改正せんとの議
起こり、彼か是かと相談の末、従前の素袍及び侍烏帽子を正装とし、
常用としては折烏帽子、直垂を用いることにほぼ決したるよし。但し
直垂は袖を絞り、袴も口を絞ることにし、ただ顔触れ、土俵入りなど
のときに限り、これを絞らず、また烏帽子は行司の資格によりてその
色を異にするはずなりと」

　烏帽子の色が階級によって異なるという記述から、まだ装束の決定には
至っていないようだ。木村庄之助や他の行司の房色についても記述がないの
で、この時点で階級色が決まっていたかどうかはわからない。

②『毎夕新聞』の「大相撲初日の記〈行司の服装〉」（M43.1.15）
「当年の1月より行司一般の服装を改正し、侍烏帽子に鎧下を着する
ことと内定したればこれまでの如く裃は当場所限り全廃せらるべし」

　この記事で服装が鎧下直垂や侍烏帽子に内定したことがわかる。1月場所
は従来どおりの裃だが、5月場所から新しい装束となる。木村庄之助の房色
が総紫になったかどうかはまだわからない。

③『やまと新聞』の「大相撲春場所〈協会の注意〉」（M43.1.15）
「両横綱土俵入りを務める行司は当場所より風折烏帽子に素袍大紋をつ
け、すべて本式なりしは嬉しかりし〔後略〕」

　横綱土俵入りで風折烏帽子に素袍大紋を着用したのは、1月場所で終わっ
ている。5月場所からは、横綱土俵入りでも侍烏帽子に直垂装束だった。こ
の時点では、横綱土俵入りの装束と常用装束の区別を認めている。

67

④『東京朝日新聞』の「行司の服制」（M43.1.21）

　「行司の服装は横綱土俵入りを引く外は裃着用にて勤めたるが、土俵
　上の威厳を保有するは古式に則るほうが宜しとの協定にて来たる5月
　場所より足袋以上の行司はすべて鎧下直垂に侍烏帽子を着して勤むる
　こととせり」

　④の記事でわかるように、新装束は5月場所から使用することが決定して
いる。それを踏まえて、高田装束店に装束の注文をしたに違いない[23]。こ
の記事では階級色について何も触れていないが、木村庄之助の総紫もこの時
点で決まっていたに違いない。なぜなら、階級色が決まらないと装束の露紐
や飾り紐などの色も決まらず装束が注文できないからである。

　新しい行司装束や階級色は1月下旬に決まり、本場所でのお披露目は5月
場所と決まった。行司の階級色がいつ決まったかを特定する場合、2つの見
方があることになる。1つは、階級色は1月下旬に決まったとする見方であ
る。決定に基づいて新装束は注文したはずだ。もう1つは、階級色が決まっ
たのは5月の本場所だとする見方である。1月下旬から5月の本場所までは
猶予期間ということになる。本章では、木村庄之助の房色が准紫から総紫に
変わったのは、5月場所からとしておきたい。そのとき、多くの新聞報道で
も写真つきで大々的に取り上げられ、一般大衆の知るところとなった。

23）　高田装束店に新装束を注文したことがわかったのは軍配房の長さや房糸の本数につ
　　いて研究していた2005年頃である。社長が注文を受けた当時の古いノートを見せな
　　がら、注文した時期についても教えてくれたが、当時私は装束にあまり関心がな
　　く、注文の時期についての記録を取らなかった。北出（監修）『大相撲への招待』
　　（講談社、H4、p.95）に明治43年日付の行司装束寸法注文書のコピーが掲載されて
　　いる。そこには月日も記されているが、不鮮明である。1月か2月のようだ。平成28
　　年10月に房の色や注文時期について確認を取るため、再び高田装束店を訪ねたとこ
　　ろ、8月に破産した旨の張り紙が貼ってあり、店は閉じられていた。もう少し早め
　　に訪問していたら、装束の注文時期と木村庄之助の房色の裏づけがとれたはずだ
　　が、残念な結果になってしまった。

第3章　総紫の出現

⑤ 『時事新報』の「相撲界」（M43.2.9）

「〈行司の装束〉〔前略〕綴じと露紐との色合いは軍配の紐の色にて区別する。まず立行司の庄之助、伊之助、庄三郎の三人は紫色にして紫白の行司は白と紫、緋房の行司は赤、緋白の行司は赤と白、格足袋の行司は青白を用いることとし、烏帽子はいずれも黒色に一定し、〔中略〕時協会に居合わせたる行司等はこれを着して、行司の型を作りたるがすこぶる凛々しく見えたり。されば右服装を実地に用いるは5月場所よりとのことなれば次場所の土俵には一つの美観を添ゆるなるべし」

この時点では、注文した装束ができあがり、それを行司が試着している。すでに行司の階級色は決まっていたとみなしてよい。立行司を一括りにして紫としているのは、紫糸と白糸の割合に関係なく、紫糸を強調しているからである。次の記事も同じことを述べている。

⑥ 『読売新聞』の「角界雑俎」（M43.2.9）

「鎧下の紐の色を軍配の房の色と同じように、紫は立行司、緋は緋房行司、白と緋混交〔紅白：本書〕は本足袋行司、萌黄に白の混交は格足袋行司ということにして段を分けている。一着の費用50円で昨日出来上がり協会楼上で庄三郎、勘太夫、錦太夫が着初めしたが裃よりは軽く勤め心地もよいそうだが、見たところも古風で堂々たるものだ」

2月9日に新しい装束を試着しているので、その後、装束について述べていることは回顧的である。少なくとも階級色の決定とは関係ない。そのような記事を2つほど、参考のために示すことにする。

⑦ 『時事新報』の「行司の服装」（M43.2.13）

「鎌倉時代の武士の鎧下の直垂を用いることにし、烏帽子は揉紙の折烏帽子を用いることに改めました。これも5月の大場所から実行する

つもりです」

⑧ 『東京朝日新聞』の「呼び出しの珍衣裳」（M43.2.17）
　「角觝道にも古式復興の兆しありて既に先ごろ記せし如く東京角觝協
　会は行司の服装を改めることに決し、烏帽子狩衣に鎧下の装束を用
　い、これにて土俵の神聖を保ち観客をしてオヤオヤ万歳かと驚かしむ
　る方針。先ずもって行司連はその支度に取りかかり思い思いの……」

　新しい装束の着用は5月場所からだが、それに先立って5月31日の新聞で
は写真付きでそれが報道されている[24]。どの記事でも立行司は紫となって
いるが、具体的には木村庄之助は総紫、式守伊之助と木村庄三郎は真紫白
（つまり紫白）だった。紫には2種の区別があった。

⑨ 『都新聞』の「庄之助の跡目」（M43.4.29）
　「現在、庄之助・伊之助の格式を論ずじれば、団扇の下紐において差
　異あり。庄之助は紫、伊之助は紫白打交にて庄三郎と同様なりと」

　この記事では、紫と紫白の違いが明確に示されている。木村庄之助が総紫
であるのは、式守伊之助や木村庄三郎の紫白と比較することでわかる。明治
42年6月以前の紫には白糸が1ないし3本混じっていた。つまり准紫だった。
当時の紫白には、准紫より白糸がいくらか多めに混じっていたに違いない。
白糸の割合に差はあったが、准紫も紫白も分類上は紫白だった。明治43年1
月に准紫から総紫に変わったとき、総紫にするのは簡単だったに違いない。
白糸の1ないし3本を准紫から取り除くだけで済むからである。
　明治41年5月から43年5月までの新聞記事に准紫から総紫になったことを
明確に記述してあるものがないか調べたが、そのような記事を見つけること
はできなかった[25]。そのため、結果的に間接的資料から総紫になったこと

───────────────

24) 明治43年5月場所の初日は6月3日に順延されている。

を推測している。本章では木村庄之助の総紫は明治43年1月下旬に決定し5月本場所から実施したと指摘したが、これが事実を正しく反映しているかどうかは今後の研究に俟つことにする[26]。

5. 階級色の決定

明治43年5月に装束の飾り紐が階級色と一致するようになったが、その階級色で影響を受けたのは主として立行司である。それ以外の行司は従来と何も変わっていない。その階級色は、次の新聞記事に記されている。

① 『時事新報』の「相撲風俗（8）——行司」（M44.6.10）
「序ノ口から三段目までは一様に黒い房を用い、幕下は青、十両は青白、幕内は緋白と緋、大関格は紫白、横綱格は紫というように分類されている。それから土俵上で草履を穿くことを許されるのは三役以上で、現在の行司では緋房の誠道と紫白の進と紫房の庄之助、伊之助の二人である。」

木村庄之助と式守伊之助は紫になっているが、この紫には次のような変化があった。

・総紫： これは木村庄之助の房色である。これまでは准紫だったが、それが総紫に変わった。16代木村庄之助は白糸が1本ないし3本くらい混じった准紫だったが、白糸が何も混じらない総紫になったのである。

---

25) 明治42年6月から43年5月までの新聞記事を全部調べたわけではないし、調べた新聞でも見落としがないとも限らないので、求めている期日を述べてある記事が見つかるかもしれない。それは否定できない。

26) 今後、木村庄之助の総紫が決まった期日を記した記事が見つかれば、本章の指摘した期日が正しいかどうかは即座に判断できる。

71

・**真紫白**：　これは式守伊之助と木村庄三郎の房色である。この真紫白は総紫と区別しないときは、ともに紫として呼ばれる。つまり、紫には、厳密には、総紫と真紫白があるが、それを厳密に区別しないときは、紫と呼んだりする。従来の紫白と比べて白糸の混ざる割合が異なるのか、同じなのか、必ずしも定かでない。従来の紫白と区別するときは、本章では真紫白と呼んでいる。なぜそう呼ぶかと言えば、半々紫白と混同しないためである。半々紫白にも白糸がかなり混じっていて、それも紫白と呼ぶからである。

・**半々紫白**：　これは准立行司の房色だが、明治43年5月の時点でその房を許された行司はいなかったはずだ。木村庄三郎は確かに第三席だが、第二席の式守伊之助と同じように、真紫白だった。行司装束を報道した写真のキャプションでも木村庄三郎は紫となっている。

　本章では、木村庄三郎は第三席だが、第二席の式守伊之助と同様に真紫白だったという立場である。しかし、半々紫白だった可能性もまったく否定できない。というのは、紫白には真紫白と半々紫白があるからである。昭和2年（1927）から昭和34年（1959）にも半々紫白があったが、式守伊之助と木村玉之助はともに紫白として扱われることが普通だった。実際には、式守伊之助は真紫白であり、木村玉之助は半々紫白だった。9代式守伊之助と6代木村庄三郎にも同じことが当てはまるかもしれない。本章ではそのような可能性があることを認めながらも、6代木村庄三郎と9代式守伊之助は同じ真紫白だったとしておきたい。その大きな根拠としては当時の新聞で両行司とも紫として扱われているからである。

　明治43年5月以降の立行司について少し見ていくことにする。たとえば、木村進は明治44年2月に紫白になっている（『都新聞』（M44.2.22））。この紫白は、厳密には、半々紫白である。木村庄之助と式守伊之助は真の立行司なので、2人とも紫である。しかし、木村進は准立行司なので、紫白（厳密には半々紫白）である。

　第3席の准立行司は紫白として扱うのが普通である。准立行司が式守伊之

助になると、紫となる。本章では准立行司の紫白を半々紫白と呼び、式守伊之助の紫白を真紫白と呼んでいる。この半々紫白を明確に使用した最初の行司は、木村進である。その後に木村誠道、木村朝之助と続く。紫と紫白にそれぞれ2つの異種があることを知らないと、紫や紫白を許されたという新聞記事を見たとき、どの紫や紫白なのか見分けにくい場合がある[27]。たとえば木村進は明治44年2月に紫白が許され、また明治45年5月に式守伊之助になったときも紫白を許されている。この2つの紫白は、実は、別々の房色である。最初の紫白は半々紫白だが、2番目の紫白は真紫白である。

6. 免許状の文面

明治43年5月以前に紫白から准紫に変わったとき、どのような方法で房色が許されていたのか定かでない。朱から紫白に変わったとき、免許状には「紫白打交紐」といった表現があった。たとえば、16代木村庄之助が明治31年1月に紫白を許されたとき、その免許状では「紫白打交紐」といった表現になっている。

① 『東京日日新聞』の「明治相撲史──木村庄之助の一代」(M45.1.15)
「　　　　　　　　　　　免許状
　団扇紐紫白打交熨斗目麻上下令免許畢以来相可申也仍而免許状件如
　本朝相撲司御行司　吉田追風　落款
　明治31年4月11日
　　　　　　　　　　第16代木村庄之助とのへ」

---

27) 新聞や本では総紫と真紫白を単に紫として、また真紫白と半々紫白を単に紫白として表すことがあるが、それは括り方の基準が異なるからである。特に半々紫白と真紫白を区別する記述はほとんどない。

この免許状の日付は明治31年4月11日になっているが、紫白は1月本場所にはすでに使用していた（『都新聞』の「式守家を相続す」（M43.4.29））。ところが、准紫を許されたとき、どのように許されたのか、まったくわからないのである。たとえば、16代木村庄之助は明治32年5月、6代木村瀬平は明治34年4月、それぞれ紫白から准紫に変わっている[28]。免許状が出ているなら[29]、それには准紫のことをどのように表現していたのだろうか。准紫も紫白と同様に、紫白打交紐である。准紫を許した場合、紫白を許した免許状と同じように、紫白打交紐と表現するわけにはいかない。何らかの区別をしなければならない。それがどのように免許状では区別されていたのか、まったくわからないのである。

　明治43年5月に階級色が決まったとき、従来の房色と違ったのは立行司だけである。木村庄之助は准紫から総紫になった。式守伊之助と木村庄三郎は紫白から真紫白になった。この房色の違いをどのように変えたのかも不明である。裏づけは何もないが、3人だけの立行司だし、房色を大きく変えたわけでもないので、免許状以外の方式で伝達したかもしれない。協会は吉田司家と協議し、それを行司会に通告したかもしれない。それは文書によるものだったのかもしれないし、口頭で伝えたのかもしれない。いずれの方式を取ったのかは、まだ資料で確認できていない[30]。

　明治43年5月以降であれば、階級と房色が一致するようになっているので、階級が変われば、それに応じて免許状の文面も違っていたはずだ。つまり、木村庄之助なら総紫であり、式守伊之助なら紫白とわかる表現が用いられていたに違いない[31]。

---

28)　この年月が正しいかどうかは必ずしも明白でない。これに関しては、たとえば拙著『大相撲の半々紫白と立行司の空白』（H28）の第1章「紫房の異種」でも扱っている。

29)　准紫は免許状がなくても使用していた形跡がある。たとえば、15代木村庄之助は明治25年、熊本以外の興行で准紫を使用しているが、免許なしで使用している（『読売新聞』の「西の海の横綱と木村庄之助の紫紐」（M25.6.8））。この行司は明治25年以降も免許なしで准紫を使用している。生存中、准紫の免許状が授与されたかどうかは不明である。

第3章　総紫の出現

7. 今後の課題

　准紫が確実に確認できるのは明治35年の三木・山田編『相撲大観』（M35）である。それには16代木村庄之助と6代木村瀬平の軍配房に白糸が1、2本混じっていると述べられている。しかし、その後、准紫の存在を明確に記述してある文献は見当たらない。本章では、吉田追風が『東京朝日新聞』の「行司木村家と式守家」（M41.5.19）で語ったことを根拠にし、少なくとも明治41年5月当時には木村庄之助の房色は准紫だったと解釈している。これが正しいかどうかは今後吟味する必要がある。この解釈が間違っているなら、明治41年当時、16代木村庄之助の房色は准紫でなかったかもしれない。もしかすると、総紫は明治36年あたりに現れたのかもしれない。そうなると、本章で論じてきたことはかなり間違っていることになる。

　明治43年5月の行司装束改正のときに、行司の階級色と鎧下直垂の露紐や飾り紐などの色が一致するようになったが、階級色は装束を注文するときにはすでに決まっていたはずである。注文した装束の試着が2月だったことから、その装束が内定したのは1月であり、階級色は1月に決まったと解釈している。装束のお披露目は5月の本場所なので、もちろん、5月に階級色が

---

30)　ここで述べていることは明治43年5月の階級色のことである。それ以降の階級色については階級に応じてその房を許す免許状が出ているはずだ。たとえば、明治44年2月に木村進は朱から紫白に変わっているが、その紫白を許す免許状が出ているはずだ。その免許状を直接見たことがないが、新聞記事に進が紫白房を許されたとあることから（『都新聞』（M44.2.22））、免許状には房色が明確に記されているに違いない。明確でない点は、免許状に半々紫白が記されていたかどうかである。それが明確でなければ、明治44年5月に式守伊之助に昇格したときの紫白と明確に区別できなくなる。

31)　半々紫白の許可を免許状でどのように表現したかははっきりしない。その房色は式守伊之助の紫白と異なるので、房色の違いがわかるような表現になっていなければならない。

75

決まったとしてもよい。この解釈が正しいかどうかもやはり吟味する必要がある。明治43年1月以前に階級色がすでに決まっていたかもしれないからである。

　明治42年6月の国技館開館以降に准紫から総紫になったのならば、16代木村庄之助はどのような手続きで房色を変更したのだろうか。また、9代式守伊之助や6代木村庄三郎は紫白から真紫白へどのように変更したのだろうか。本章ではどのような手続きで房色の変更を行ったのかについて確かなことを述べていないが、今後さらに研究が進めばもっと確かなことがわかるかもしれない。

　繰り返しになるが、本章では少なくとも次の4つの点を前提にしている。

(1) 三木・山田編『相撲大観』（M35）にあるように、明治35年ごろの准紫房には白糸がわずかながらも混じっていた。当時、総紫房はなかった。

(2) 『東京朝日新聞』の「行司木村家と式守家」（M41.5.19）で吉田追風が語っている紫白打交紐には紫白房だけでなく准紫房も含まれていた。

(3) 16代木村庄之助には明治31年1月には紫白房、明治32年5月には准紫房がそれぞれ授与された。しかし、准紫房の年月は必ずしも定かでない。

(4) 6代木村瀬平には明治32年3月には紫白房、明治34年4月には准紫房がそれぞれ授与された。しかし、准紫房の年月は必ずしも定かでない。

　もしこの前提が間違っているなら、総紫が明治43年5月から使用されるようになったという本章の結論は間違っていることになる。この前提だけでなく、結論が正しいかどうかも今後検討しなければならない。

第3章　総紫の出現

【資料1】房色の変更

本章で言及した立行司がどのような紫房や紫白房をいつごろ授与されたか
を参考までに記しておく。

(1)　15代木村庄之助
　　・朱から紫白（明治19年末か20年1月）。錦絵「華族会館角觝之図」
　　　（M20.2）。
　　・紫白から准紫（明治25年かそれ以前）。『読売新聞』（M25.6.8）。
(2)　16代木村庄之助
　　・朱から紫白（明治31年1月）。『都新聞』（M43.4.29）。
　　・紫白から准紫（明治32年5月）。『報知新聞』（M32.5.18）。
　　・准紫から総紫（明治43年5月）。『毎夕新聞』（M43.1.15〈内定〉）／
　　　『読売新聞』（M43.5.31〈本場所実施〉）。
(3)　6代木村瀬平
　　・朱から紫白（明治32年3月、本場所は5月）。『読売新聞』（M32.3.16）。
　　・紫白から総紫（明治34年4月、本場所は5月）。『読売新聞』（M34.4.8）。
(4)　9代式守伊之助
　　・朱から紫白（明治37年5月）。『都新聞』（M37.5.29）。
　　・紫白から真紫白（明治43年5月）。『読売新聞』（M43.2.9）。
(5)　6代木村庄三郎
　　・朱から紫白（明治38年5月）。『時事新報』（M38.5.15）。
　　・紫白から真紫白（明治43年5月）。『毎夕新聞』（M43.1.15〈内定〉）
　　　／『読売新聞』（M43.5.31〈本場所実施〉）。
　　・真紫白のまま（明治44年2月、本場所は5月）。『都新聞』（M44.1.9）。
　　・真紫白から総紫（明治45年1月、本場所は5月）。『東京日日新聞』
　　　（M45.1.9）。
(6)　木村進
　　・朱から半々紫白（明治44年2月、本場所は5月）。『東京日日新聞』

77

（M44. 1. 9）。

・半々紫白から真紫白（明治45年5月）。『東京日日新聞』（T2. 1. 12）。

(7)　木村誠道

・朱から半々紫白（明治45年5月）。『都新聞』（T2. 1. 18）。

・半々紫白から真紫白（大正3年5月）。『東京日日新聞』（T3. 5. 21）[32]。

(8)　木村朝之助

・朱から半々紫白（大正3年5月）。『やまと新聞』（T3. 5. 31）。

・半々紫白から総紫（大正11年1月）。『やまと新聞』（T11. 1. 6）。

　ここに記載した行司については房色の変更やその年月を以前にも調べたことがある。そのときは調査が行き届かず、特定が難しい行司も何人かいた[33]。ここで示した資料を参考にすれば、かなり補足できる行司も何人かいる。このことを指摘しておきたい。

【資料2】明治36年5月の行司名鑑[34]

　これは『東京朝日新聞』（M36. 5. 29）に掲載されている記事である。記事では「房」が「総」、「与太夫」が「與太夫」となっている。他にも表記を書き改めてあるものもある。正確さを期すのであれば、元の新聞記事を参照すること。

---

32)　大正3年の夏場所番付では木村誠道の行司名である。大正4年春場所番付に式守伊之助として記載された。つまり、伊之助を襲名する前にすでに真紫白になっている。

33)　拙著『大相撲行司の伝統と変化』（H22）の第9章「明治30年以降の番付と房の色」や『大相撲行司の軍配房と土俵』（H24）の第8章「大正時代の番付と房の色」には、房の色がいつ変わったかを特定できない行司がいたが、この資料を参考にすると特定できる行司も何人かいる。

34)　この新聞記事は大相撲談話会の相沢亮氏に教えてもらった。改めて感謝を申し上げる。

第3章　総紫の出現

- ・紫房・帯刀・土俵草履御免：　木村庄之助、木村瀬平。
- ・朱房・帯刀・土俵草履御免：　式守伊之助。
- ・朱房・三役格：　木村庄三郎、木村庄太郎。
- ・紅白・幕内格：　木村進、木村小市[35]、木村朝之助、木村藤太郎、式守与太夫、式守勘太夫、木村宋四郎、木村大蔵、式守錦太夫、式守錦之助。
- ・青白房・足袋・幕下十両格：　木村角次郎、木村左門、木村吉之助、木村庄吾、木村豊吉。
- ・幕下格・房色不定[36]：　木村八郎、木村善太郎、木村鹿之助、木村留吉。
- ・序の二段目格・同上：　木村鶴之助、他13人。
- ・序の口格：　式守敬蔵、他20人。

また、その所属せる年寄部屋の名を記せば
- ・高砂部屋：　木村庄之助、同小市、同朝之助。
- ・友綱部屋：　木村庄三郎、同大蔵。
- ・尾車部屋：　木村林次郎、同角次郎。
- ・伊勢ノ海部屋：　式守伊之助、同与太夫、同勘太夫、同錦太夫、同錦之助。

---

35)　木村進と木村小市は明治34年5月に紅白から朱にかわっているはずだ（『読売新聞』の「相撲のいろいろ〈進、小市の緋房〉」（M34.5.22））。なぜ両行司とも明治36年5月時点で紅白として記載されているかは不明である。

36)　幕下格以下の房色が「不定」になっているが、これと同じことが藤島著『力士時代の思い出』（国民体力協会、S16）にも見られる。すなわち、「幕下以下は何色を使用してもいいが、前述した房の色は留め色と言って使用することを禁止されている」（p.87）とある。これが真実かもしれないが、黒色は一般的に使用されていた。たとえば、山田著『相撲大全』（M34、p.35）や杉浦著『相撲鑑』（M44、p.34）では前相撲から幕下までは黒糸を使用することが述べられている。明治43年5月31日の新聞でも幕下格以下は黒（または青）となっている。幕下格以下の房色が黒または青として規定されたのは昭和30年である。

　　　　・千賀ノ浦部屋：　　木村進、同吉之助。
　　　　・中立部屋：　　木村庄太郎。
　　　　・独立：　　木村瀬平、木村宋四郎。

また、行司中の若者頭というは[37]
　　　　・木村進、木村宋四郎、木村大蔵の3名なりという。

　明治36年5月時点の行司階級、房の色、所属部屋、行司監督などはこの記事で正確に知ることができる。そのため、これを参考にすると、各行司の行司歴を調べることも容易になる。非常に貴重な資料である。
　また、『時事新報』の「行司の番付」（M38.1.22）にも十両格以上の行司の階級や房色などが記載されている。昭和36年5月と比べると、階級の変化が見られる行司も何人かいる。参考までに、その行司のみを示す。

（1）式守伊之助が朱房から紫房になっている[38]。
（2）木村進と木村小市は紅白から朱になっている[39]。
（3）木村角次郎と木村左門が青白から紅白になっている[40]。

　式守伊之助は紫白であるが、木村庄之助と木村瀬平の准紫と同様に紫となっている。准紫と紫白は一括りにして紫とするのが普通だったからである[41]。

37）　この「若者頭」は、現在の「行司監督」に相当するようだ。
38）　式守伊之助は明治37年5月に紫白房になった（『都新聞』（M37.5.29））。
39）　木村進と木村小市は明治34年5月に赤になった（『読売新聞』の「相撲のいろいろ〈進、小市の緋房〉」（M34.5.22））。
40）　木村角次郎と木村左門は明治37年1月に紅白になった（『毎日新聞』（M36.11.5））。
41）　明治44年7月1日付の『中央新聞』にも当時の十両格以上の行司名が掲載されている。木村誠道は立行司格となっていることから、半々紫白房だったようだ。

80

第4章　大正期の立行司

1. 本章の目的

　明治45年（1912）5月場所では17代木村庄之助（前名・庄三郎、10代伊之助）と11代式守伊之助（前名・進）が務めていた[1]。大正時代が始まってもこの両行司が立行司だった。17代庄之助は大正10年（1921）5月場所中に辞職し、11代式守伊之助は大正3年（1914）1月場所後に病死している[2]。

　本章では大正期の立行司をめぐる話題をいくつか取り上げて、詳しく見ていく。新聞や雑誌や書籍などにそれらの話題が記述されているので、本章ではその記述を多く引用している[3]。長く引用している場合もあるが、これはそれらの話題が当時の文献でどのように扱われていたかをできるだけそのまま提示したいからである。同じ話題でも文献によって扱われ方が異なることもあるが、それもそのまま引用してある。

---

1)　明治末期には立行司の席順は固定し、木村庄之助が第一位、式守伊之助が第二位となっている。庄之助と伊之助の2人が常にいなければならないということはない。1人が欠けることがあってもよい。たとえば、大正3年5月場所では式守伊之助が番付からいなくなっている。

2)　本章では木村庄之助と式守伊之助の姓を省略し、単に庄之助と伊之助と表すことがある。他の行司の木村姓や式守姓についても省略することがある。省略によって誤解を招くことはないはずである。

3)　引用する際、読みやすくするために字句を少し変えることもある。出典を明記してあるので、関心があれば出典元にじかに当たることを勧める。

本章で扱う話題は、具体的には次のようなものである。

(1) 大正3年5月場所、木村誠道は第二位でありながら、12代式守伊之助の襲名を固辞している。それはなぜだろうか。

(2) 大正10年5月場所中、17代木村庄之助は突然辞職している。それはなぜだろうか。

(3) 大正11年1月場所、第三席の木村朝之助が式守伊之助を経験することなく、いきなり18代木村庄之助を襲名している。それはなぜだろうか。

(4) 大正14年5月場所後、19代木村庄之助を襲名したのは13代式守伊之助（前名・与太夫（5代））である[4]。18代庄之助（前名・朝之助）に何があったのだろうか。

(5) 大正15年1月場所、番付に記載されている14代式守伊之助（前名・勘太夫（3代））はその本場所に登場していない。それはなぜだろうか。

(6) 式守与太夫（6代）が15代式守伊之助を襲名したのはいつだろうか。大正15年1月だろうか、それとも5月だろうか。

立行司であれば、普通、文献上にそれなりに賞賛する記述がたくさんみうけられるが、本章でとりあげるのは、どちらかというと、巷間の話題に上る立行司に集中している。順調に真っすぐな道を進む人より話題を提供する少し変わった人のほうが世間の関心を引く。本章で取り上げた行司たちもそれぞれが「ある出来事」で世間の注目を浴びている。その出来事は称賛されるものもあれば、批判されるものもある。その出来事をどう見るかは、見る人の立場によって違ってくる。

大正期の立行司がすべてその時代で終わったわけではない。19代木村庄之助は昭和7年（1932）5月まで務めていたし、15代式守伊之助も昭和15年

---

4) 理解を容易にするために、行司の代数を付け加えている。引用文に関しては、行司の代数などを〔 〕で追加していることもあるので、厳密な原文が必要な場合はその出典に当たることを勧める。

第4章　大正期の立行司

(1940) 1月まで務めていた。本章では、昭和期以降の話題にはあまり触れない。ほとんど大正期に集中している。

2. 木村誠道と式守伊之助

11代式守伊之助（前名・進）は大正3年（1914）春場所後に亡くなった。

①『報知新聞』（T3.3.16）の「式守伊之助逝く」
「東京大相撲立行司式守伊之助（55歳）は〔中略〕3月15日〔中略〕死去せり」

順当であれば、木村誠道が12代伊之助を襲名するはずなのだが、誠道はその襲名を辞退している[5]。辞退の理由は、式守伊之助を襲名すると早死にする、と恐れたからである。先々代の10代伊之助（前名・庄三郎、17代庄之助）もその名を襲名したとき、「川施餓鬼」を行っている。資料として次に示す。

②『中央新聞』（M44.6.6）の「行司4代に祟る猪王山等の霊」[6]
「立行司式守伊之助〔10代〕は7日午前10時より大川筋において盛んなる川施餓鬼を行い、6代目より9代目までの先祖並びに式守家に縁

---

[5] 誠道の行司歴については、たとえば、『春場所相撲号』（T12.1）の「46年間の土俵生活」（pp.108-11）や『角力雑誌』（T10.1）の「勧進元評判記」などが参考になる。明治40年（1907）1月に草履を許され、41年の5月に小市から誠道に改名している。雑誌記事では、紫白房（厳密には半々紫白）を許されたのは44年5月となっているが、45年5月が正しい（『東京日日新聞』（M45.5.9））。正式には、大正2年（1913）1月である。さらに、大正3年5月に12代伊之助を襲名したとある。これはそのとおりで、『読売新聞』（T3.6.9）の「大相撲夏場所千秋楽」で「誠道改め伊之助」で確認できる。しかし、番付記載で伊之助になったのは大正4年1月からである。

83

ある横死力士猪王山〔明治5年4月25日本所2つ目にて死亡〕、榊山（明治4年6月22日大川筋に入水）、力士伊勢ケ浜の縁女某（慶応元年5月死亡）等の追善をなす由なるが、当日は伝馬3艘に友綱部屋の力士国見山以下数10名と行司与太夫、勘太夫、錦太夫等乗り込み、深川万福寺住職導師を勤め賑やかに流れを下りて中州に到着するはずなり。因みに式守家にはいかなる因縁ありてか、6代目より4代の伊之助は相続きて位牌勧進元となりおりて、不詳この上もなければ、当代〔10代目〕の伊之助怖気を奮ってこの企てに及べるなりと」

③ 『都新聞』（M44.6.6）の「式守家の川施餓鬼」
「相撲の旧家なる伊勢の海家5代前に力士猪王山と称するものがあって両国百本杭に投身して相果てたそのものの祟りで、行司式守家は4代続いて位牌勧進元を勤むるようになっている。すなわち勧進元に当たるときっと当主が死ぬので本所怪談の一つになっている。それで前の庄三郎、今の伊之助君も怖気がついて何がな妄執を晴らしたいと年寄連に相談し、いよいよ7日午前10時百本杭から大橋の間に盛んな川施餓鬼を行うことになった」

　木村誠道も10代伊之助と同じ心境にあったようだ。当時の協会関係者も誠道の言い分を了承し、式守伊之助の名前を番付から削除している。つまり、第二席の式守伊之助を空位のままにしておくのではなく、誠道を第二席として認めているのである。これは非常に珍しい扱いだと言ってよい。もし

---

6)　この模様は『時事新報』（M44.6.8）の「式守の川施餓鬼―式守家所縁の亡霊を弔う」にも見られる。なお、供養ではないが、縁起を担ぐため、松翁木村庄之助（20代）も大正末期に伊之助を襲名した頃、軍配房をわざわざ紫白半々にしている（『大相撲夏場所号』（S15.5）の「辛い行司の立場」（pp.54-6））。これは明らかに式守家にまつわる怨霊を意識したものである。当時、式守伊之助が真紫白房でなく、半々紫白房を使用してよかったのかどうかも吟味する必要がある。これに関しては、拙著『大相撲行司の半々紫白と立行司の空位』（H29）の第1章と第3章でも指摘している。

84

第4章　大正期の立行司

式守伊之助の名前を第二席としての名前として固定していたのならば、伊之助を襲名するまでは誠道の昇格を認めなければよいのである。しかし、空位ではなく、式守伊之助の名前が番付から完全になくなっているのである。これは木村誠道の名前のまま式守伊之助の地位を受け継いだと言ってもよい。このことは当時でも奇異に映ったようで、多くの新聞で取り上げられている。その中のいくつかを示す。

　　④ 『東京日日新聞』（T3.5.21）の「改名と除名」
　　　「立行司式守伊之助の名は会談のために襲名するものがなく、ついに番付から除かれ、誠道はそのまま立行司となった」

　　⑤ 『東京毎夕新聞』（T3.5.21）の「新しき軍容、注目すべき変動」
　　　「式守伊之助の家が今場所より廃絶され、旧伊之助の地位に木村誠道の名を現すに至りしは特筆大書の値あり」

　式守伊之助は空位のままで、誠道が立行司となった[7]。誠道はいわば「代理伊之助」みたいな地位であった。伊之助の名義はそのまま残されていたが、番付では隠されていた。つまり、伊之助の名義は番付にない。いずれにしろ、伊之助の名義は適正な時期がきたら、その伊之助を襲名する行司が出てくる。たまたま今度は誠道がその穴を埋めたことになる。誠道が伊之助襲名を固辞し、伊之助を襲名しない状態で昇格することに協会が異議を唱え、それなら他の行司を式守伊之助として抜擢すると強く出ていたら、誠道はおそらく伊之助を名乗っていたはずだ。だが、協会が誠道に同情し、伊之助を

---

7)　大正3年5月の番付では木村誠道として記載され、式守伊之助の名前はない。誠道は大正3年10月に吉田司家から伊之助襲名の免許を授与されている。どうやら5月場所中には内々に誠道が伊之助を襲名することは決まっていたようだ。先にも触れたように、5月場所千秋楽の記事に「誠道改め伊之助」とある（『読売新聞』（T3.6.9）の「大相撲夏場所千秋楽」）。実際、5月には誠道の伊之助襲名は決まっていたようだ（『読売新聞』（T3.5.25）の「いよいよ伊之助襲名」）。

85

空位のままにしたのである。それに対し、行司仲間から異議が出されている。これは新聞記事の中で確認できる。

⑥ 『東京毎夕新聞』（T3.5.21）の「式守襲名問題」
　「立行司式守伊之助の死亡後、この名前がよくないとて当然襲名すべき木村誠道すら冠を横に振る。協会でも後継者がなければ致し方なしと本場所から除いてしまった。ところが、一部の若手行司連はいやしくも20代も続いている行司名義を絶やすのは不都合だ[8]、もし襲名の仕人（して）がなければ、誰か希望者を出してこれに代らせ、同時に年寄長浜鬼一郎を襲い[9]、勧進元たる条件を付しなば、縁起の善悪に拘わらぬであろうと騒いでいる」

⑦ 記事名「鬼一郎か伊之助か――祟っている名前」（無念。資料散逸し、出典元不詳）
　「式守伊之助という名が今場所の番付には除かれている。これは近頃稀有なことで木村庄之助と並んで式守伊之助の名は、角界行司の長として誰知らぬものもないのにそれを欠員にさしたのは、6代目式守伊之助が死霊に祟られて死んで以来、この名を継いだものは必ず祟りまでも相続し、勧進元前に死んで了（しま）い、位牌勧進元をするようになってきた。ツイこないだ死んだ進の伊之助〔11代〕の伊之助〔9代〕もみなそうした運命に操られている。それで協会では今度当然襲名すべき木村誠道とも相談し、式守伊之助の年寄名長浜鬼一郎をして伊之助に代えようとの話になりかけている。誠道も身体の大きいに似合わず祟られた名には神経を起こして鬼一郎に代えることに賛成をしてもいるともいうが式守与太夫、勘太夫、錦太夫の式守家の若手は由緒ある伊

---

8) 木村進は11代式守伊之助なので、式守伊之助は11代続いていたはずである。木村誠道が式守伊之助を名乗れば、12代目となる。
9) 式守伊之助は年寄名跡も襲名し、その名は長浜鬼一郎である。

第4章　大正期の立行司

之助の名を断絶せしめるのを遺憾として近日伊之助に祟っている死霊
の回向をも為し、また協会へ向かっては誠道が伊之助を怖がって鬼一
郎になるというのなら鬼一郎におなりなさるもいい、が、それなら伊
之助の名は自分等に相続させてもらいたい、そして伊之助名義を立て
させてくれというのにある。協会がどう捌くかは解らないが、あるい
は誠道は元の木村瀬平が瀬平で立行司であったように誠道で立行司を
勤め、与太夫が式守伊之助を継いで特に立行司に進み、当年の三大行
司を現出するかもしれない」

　式守伊之助を継いだ行司は命にかかわることを気にし、当事者はなんとか
してその祟りを除去しようと試みる。それは儀式を伴った形で表れている。

　⑧『読売新聞』（T3.5.23）の「怨霊の追弔会」
　　「先代伊之助〔進、11代〕の遺言で27日午後1時から南品川の妙行寺
　　でも6代目伊之助に祟った力士猪王山、榊山、玉吉、お葉婆さんの追
　　弔会を催し、庄之助を初め行司、年寄、力士、その他にて500人ほど
　　参詣するそうだ。この妙行寺は式守家の菩提寺ではないが伊之助自身
　　だけの寺であるという」

　そのような怨霊のお祓いをしてから、木村誠道はいよいよ式守伊之助を襲
名する決心をしている。

　⑨『読売新聞』（T3.5.25）の「いよいよ伊之助襲名」
　　「問題になった式守伊之助の名はいよいよ木村誠道が襲名することと
　　なり、23日誠道は木村庄之助に伴われて協会へ12代伊之助襲名の披
　　露に来た。誠道は身体が丈夫だから、怨霊も祟り切れまい」

　大正4年（1915）春場所の番付では、木村誠道は12代式守伊之助を襲名し
ている。

87

⑩ 『東京日日新聞』（T4.1.6）の「主なる異動に就いて」

「立行司の木村誠道がいよいよ勇気を揮って怪談に囚われている式守伊之助を襲名した〔後略〕」

この大正4年春場所以降、木村庄之助が主席、木村誠道改め式守伊之助（12代）は第二席として番付に記載されるようになった。

噂の怨霊は大正末期から昭和期にかけても、行司のあいだで払拭されていない。たとえば、それを示す文献をいくつか示す。

⑪ 『夏場所相撲号』（T15.5）の「不思議に祟る伊之助襲名」

「行司式守伊之助の名について、昔から相撲社会に一つの怪談が伝わっている。なんでも、6代目か7代目とかの伊之助の時に、弟子を非常に虐待した。弟子は、師匠の無常を恨んで自殺した。

死んだ弟子の死霊に祟られて、伊之助も突然病死した。これ以来伊之助の名を継ぐと早死にをするというのだ。言うまでもなく、こんなことは一つの迷信だろうが、偶然にも、そういうことが度々重なるので、今にも相撲社会の人々はこの怪談的迷信を是認している。

昨年夏場所打ち上げ後、庄之助が巡業地で頓死した。それがために、行司名に変動ができた。名行司と言われた勘太夫は、大いに出世して伊之助を襲名することとなり、当人も喜んでいた。ところが、番付の発表を待たないで惜しくも病死してしまった。これがために、怪談話は尾ひれをつけて伝えられるようになった」（p.39）

⑫ 『相撲』（S27.11）の「19代式守伊之助物語—生い立ちから今日まで」

「昔、7代目の式守伊之助を名乗った人の弟子に、猪王山という相撲取りがおりました[10]。この、猪王山が7代目のおかみさんに辛く当たられましたのを苦に致しまして、駒留の橋の上から身を投げて死にました。それ以来、猪王山の恨みが、伊之助という名にとりつきまして、早く伊之助を名乗りましたものは57歳になると、きっと死ぬと

第4章　大正期の立行司

いうような出来事が代々続きましたものでございます。数え上げてみ
ますと、7代目、8代目、9代目それぞれ、言い合わせたように、57歳
を一期として世を去っております。10代目のやはり庄三郎から伊之
助になった人は、日蓮宗の深い信者でございまして、これは川施餓鬼
などをしきりに行いまして、猪王山の霊を慰めましたものでした。11
代の伊之助は胸の病いで亡くなり、13代目の勘太夫から伊之助を継
ぎました人などは、伊之助襲名の番付を病床で寝ながら眺めておりま
して、そのまま死んでしまい、結局、伊之助としては一度も土俵へ上
がらなかったことになります。

　それからもいろいろなことがございまして、私は19代に当たるわ
けですが、幸い襲名いたしましたのが57歳を過ぎておりましたもの
の、やはり病床で襲名の許しを受けましたような次第で、どうしても
何かの因縁なのでございましょう。この度、土俵へ上がるにつきまし
ては場所前9月の19日、回向院におきまして、猪王山ならびに歴代の
伊之助の霊位に対しまして、ささやかながら心ばかりの供養を執り行
いました」(p.43)[11]

　19代式守伊之助まではこの祟りをもたらすという怨霊を慰めるために供
養を執り行ったり、何らかの験担ぎをしたりしているが[12]、いつ頃からこ

────────────────

10)　伊之助に祟る怨霊が7代目に始まっているが、6代目が真実に近いかもしれない。猪
　　王山、榊山、力士伊勢ケ浜の名前などから推測すると、時期としては6代目伊之助
　　の在位期間に当たるからである。本章においては、6代目か7代目かということは問
　　題にならないが、6代目以降らしいと記しておく。

11)　式守伊之助（19代）著『軍配六十年』(S36, pp.87-8) にも同じ内容のことが語ら
　　れている。19代庄之助は病床にあって、この勘太夫に思いを寄せて語っている。

12)　式守与太夫（6代）は大正15年1月に15代伊之助（20代庄之助、松翁）を襲名した
　　が、その頃、験担ぎで軍配房を半々紫白にしている（『大相撲夏場所号』(S15.5)
　　の「辛い行司の立場」、p.56）。験担ぎとして房色を半々紫白にしているが、当時、
　　式守伊之助がそのような房色を使用してよかったかどうかは定かでない。これに関
　　しては拙著『大相撲行司の紫房と賞罰』(H28) の第1章でも触れている。

89

の怨霊のことが気にならなくなったかは、残念ながら、わからない。

3. 17代木村庄之助の辞職

17代木村庄之助は大正10年5月場所中、大錦と鞍ヶ嶽の取組で差違えをし、その責任を取って辞職している。差し違えを理由に辞職するのは歴史的に初めてのことである。これは当時の新聞や雑誌等でも大々的に取り上げられ、しかもその数もかなり多い。その中から2つ示す。

① 『やまと新聞』（T10.5.18）の「責任感から庄之助、決然辞職す」
「東京大角力協会行司中の最古参木村庄之助が昨5日目、大錦・鞍ヶ嶽の一番に軍扇を差違えたのは行司として且つ俊進（しゅんしん）に対しその地位に留まるのは心苦しく、また協会に対し申し訳なしとして直ちに師匠友綱まで辞表を届け出で、友綱はこれを受理して協会へ計ったので、当日角力打出し後、出羽ノ海、友綱を初め各幹部はその善後策を協議した結果、従来行司の見誤りはしばしばあったが自ら責任を感じて処決を申し出た者は一人もいない。庄之助今回の擧は斯界に新例を開くものとして辞職を聴き入れ、なお庄之助が多年協会に尽くした功労に対しては引退に際し、特別の慰労方法を講ずることとなったが、庄之助に対しては協会の内外に同情の声が高い」

② 『国民新聞』（T10.5.19）の「軍配の差違いから庄之助が罷（やめ）る―昨日、大錦・鞍ヶ嶽の勝負。立行司の名に懸（かか）わると、引責辞職角界引退」
「横綱大錦と鞍ヶ嶽との勝負に立行司木村庄之助が鞍に軍配を揚げると検査役から庄之助に差違いだと注意があった。併し庄之助は鞍の打棄りが利いていると主張し、入間川、中立、井筒、伊勢ノ海の4検査役と土俵の真ん中で意見を交換したところ、検査役は悉く鞍が土俵を割った後（しか）に打棄ったものと見ているので、庄之助は改めて大錦に勝ち

第4章　大正期の立行司

名乗りを揚げ、その儘場所より帰宅するや『老年勤務に堪えず』との
理由で師匠友綱の手を経て出羽ノ海以下役員に宛て辞表を差し出し
た。そこで出羽ノ海は閉場後役員総会を開き、席上友綱に庄之助の留
任勧告を依頼したが、友綱は当人が立行司の職責を重んじ、この際そ
の身は土俵上より消ゆるもその精神は長く活かさせて頂きたいと切望
しているゆえ、皆さんの好意は厚く感謝するがその意中を汲んで辞表
を容れて頂きたいと言うと、出羽ノ海初め一同の役員はなるほどそれ
は責任を重んずる見上げた決心である、死すべき時に死なざればとい
う金言もある、それを止め立てするは却って庄之助の高潔な精神を汚
すことになるとて辞職を許容することとなった。而して18代目庄之
助は慣例により式守伊之助〔12代〕がその後に昇り、以下朝之助が伊
之助を継ぐ外、与太夫、勘太夫、錦太夫等が順次昇給するのである」

　17代庄之助は軍配の差違えで辞職したという記事が圧倒的である。それ
は事実には違いないが、すべてではないと示唆する記事もある。すなわち、
差し違えはきっかけであり、他にも理由がある。

　③『報知新聞』（T10.5.19）の「庄之助引責が描く波紋―伊之助の辞意か
　　ら、朝之助衆望なし、行司界大変革起らん」
　　「立行司木村庄之助が17日大錦対鞍ヶ嶽の勝負を見誤った。引責辞職
　　した結果、東京大相撲の行司界に大変革が起らんとしている。元来庄
　　之助はよほど以前から引退の意思があった。それは彼が友綱系統なる
　　がため、協会の現状として彼の周囲は今まであまりに不自由であった
　　からで、今度の事件は畢竟引退の好機を与えたことになった。〔後
　　略〕」

　相撲界に不満があったらしいことはそれ以前の新聞記事の中にも見られる。

　④『報知新聞』（T8.5.11）の「東関と庄之助、相共に廃業届を提出―友

綱の名跡は矢筈山に、東関の部屋力士は高砂へ」
「30日朝。相撲協会に対し辞職を届け出た取締友綱に続いて年寄東関
並びに立行司木村庄之助の両名いずれも廃業届を同時に協会に提出し
た。友綱の名跡は矢筈山に譲渡し、東関は同部屋所属力士一同を高砂
部屋に譲渡しの契約が調<ruby>調<rt>ととの</rt></ruby>い、木村庄之助は柳橋で営める<ruby>芸妓家栄家<rt>げいしゃ</rt></ruby>
の主人公専門となるという」

　この記事が真実を記しているのであれば、木村庄之助の辞職には伏線が
あったとみなしてよい。差し違えだけで突発的に辞職したのではなく、もう
1つの理由も潜んでいたのである。木村庄之助の辞職には差し違えと責任感
の側面だけが強調され美化されているが、当事者たちは辞職の裏側に何か潜
んでいることを知っていたのかもしれない。
　辞職したことを褒めたたえる記事が圧倒的に多い中で、あえてそれを非難
する記事もある。ただしその数は非常に少ない。

　⑤『角力雑誌』（T12.5）の「角力珍談—今と昔物語」
　　「〔前略〕　2、3年前に木村庄之助が大錦と鞍ヶ嶽の勝負に鞍ヶ嶽へ団
　　扇を挙げたのが悪いと言って、大錦に団扇を挙げ直させたので、庄之
　　助はその日限り廃業した珍事があった。その勝負は全勝大錦へ団扇と
　　挙げ直させるほどのものでなく、預かりにしても治まったものでなる
　　のを検査役の入間川が断然大錦の勝ちを主張し、他の三検査役も入間
　　川に憚って行司を見殺しにした不覚もあったが、庄之助も庄之助だ。
　　その日限りで廃業するほどの勇気があったならば土俵の上でモット強
　　硬に威厳を持したならば行司の本分が立ったのであろうに、それが検
　　査役の言うままに大錦に団扇を挙げて、後に廃業を届け出たというよ
　　うな弱腰のやり方であるから、自然行司の判定権というものは有名無
　　実となってしまう。今後は力士も検査役もなるべく行司の権利を認識
　　して無理を通さぬことにすると同時に行司も一身を賭してもその権利
　　を主張する決心がなくては、折角規定した今度の仲裁条件も再び空文

第4章　大正期の立行司

となる恐れがある〔後略〕」(p.80)

⑥『夏場所相撲号』(T14.5) の「角界刷新の急務は行司団の独立」
「木村庄之助（先代）が大錦と鞍ヶ嶽の相撲に〔中略〕団扇を大錦に
揚げ直させた一珍事があった。この角力は実際において必ずしも団扇
を揚げ直さるほどに分明したものでなく、少なくとも預かりくらいに
なるべきものであったのは、今も好角家が庄之助に同情しているもの
であるから、庄之助は力士と検査役の圧迫を憤慨して表面は自分の不
明という口実を以て断然と隠退してしまったことは益々行司の権威を
失ったことを証明したのであった」(p.57)

これは貴重な意見である。行司の権威を守る上でももっと主張すべきは主
張し、変えるべきは変えるという姿勢を貫くべきだった。主張すべきときに
沈黙を守り、また退場してしまうと、行司の現状は何も変わらないし、ます
ます悪い方向に行ってしまう。事実、木村庄之助が辞職した直後、辞職が
きっかけで行司の判定権を強くしようという動きはあまり見られなかった。
いずれ辞職するにしても、木村庄之助には現役として行司職にしばらく留ま
り、行司の権利向上のために務めてほしかった。そういう思いがある。
　なお、木村庄之助の辞職に関する記事はたくさんある。参考までに、その
いくつかを列挙しておく。

⑦『朝日新聞』(T10.5.18) の「木村庄之助、引責して辞職す―大錦・
鞍ヶ嶽の取組に団扇違いを恥じて、17代は伊之助を襲名」
⑧『読売新聞』(T10.5.19) の「行司界革新の気を示す―木村庄之助の引
責隠退」
⑨『報知新聞』(T10.5.19) の「大相撲夏場所―脂の乗った見物、引責辞
職の庄之助に翕然として同情集まる」
⑩『角力雑誌』(T10.6) の「潔く辞職した立行司庄之助―我身よりも行
司名が大切」(pp.8-11)。

93

⑪ 『角力雑誌』（T10.12）の「角界に動ける新機運」（pp.4-7）。

⑫ 『相撲画報春場所号』（T11.1）の「武士道を知る木村庄之助一代記」
（pp.89-91）。

⑬ 『相撲画報春場所号』（T11.1）の「53ヶ年の土俵生活—彼の述懐は真
に相撲国の泰平記、縷々として尽きぬ彼の追憶を聴け」（pp.29-35）。

記事によってそれぞれ視点が少しずつ異なるので、記事を読み比べると見
方が広がる。辞職という事実は動かしがたいが、それをめぐる見方はさまざ
まである。それが面白い。

4. 木村庄之助と式守与太夫の昇格

17代木村庄之助と12代式守伊之助が辞めてしまったので、木村庄之助と
式守伊之助の席が空位になった。それで、第三席の准立行司だった木村朝之
助が式守伊之助を経験することなく、いきなり18代木村庄之助を襲名する
ことになった。そして、第四席の三役行司だった式守与太夫が13代式守伊
之助を襲名した。

① 『角力雑誌』（T10.12）の「式守伊之助（12代）の引退—朝之助が庄之
助に、与太夫が伊之助に昇進」[13]
「両立行司は空位になったので、第三位の木村庄之助が越階して庄之
助〔18代〕を襲い、式守与太夫〔5代〕が多大の期待を背負って伊之

---

13) 12代伊之助は11月25日に辞表を提出している。順当であれば、この伊之助が18代
庄之助を襲名するはずだが、当人がそれを望んでいなかったようだ。行司としての
技量もあまり高く評価されていなかったので、高齢を理由に辞退したのかもしれな
い（たとえば、『報知新聞』（T10.5.20）の「伊之助固辞、庄之助は空位か」）／『春
場所相撲号』（T12.1）の「46年間の土俵生活」／『春場所相撲号』（T14.12）の
「あっさんの事」）。

助〔13代〕に昇格することに決定した」（p.20）

② 『万朝報』（T11.1.4）の「新立行司、朝之助と与太夫─朝之助は18代
庄之助、与太夫は13代伊之助、愈々春場所から襲名」
「東京大角力の立行司木村庄之助〔17代〕、式守伊之助〔12代〕の両人
は何れも昨年辞任して欠員中だったので、翁臘、役員会議に於いて
庄之助〔18代〕には朝之助を、伊之助〔13代〕には与太夫〔5代〕を押
すことに内定、〔中略〕協会では直ちに推薦状を熊本なる吉田司家に
送付した」

　第三席の准立行司（三役）が最高位の木村庄之助を襲名したのは、歴史上
初めてである。その意味で、これは歴史的な人事だったと言ってよい。木村
朝之助は行司としての技量をあまり高く評価されていなかったが[14]、慣例
に従い順送り人事になっている。

5. 大正末期の立行司

　18代木村庄之助（前名・朝之助）は札幌巡業中に死去（大正14年6月）した
ので、13代式守伊之助（前名・与太夫（5代））はその後を襲名し、19代木村
庄之助となった（大正15年1月）。さらに、勘太夫（3代）が14代式守伊之助
を襲名（大正15年1月）している。しかし、前年（大正14年）12月26日にそ
の14代伊之助が急に亡くなってしまった。場所前だったこともあって、1月
場所番付は伊之助としてそのまま番付に記載されている。いわゆる「位牌行

14）　18代庄之助（前名・朝之助）の行司裁きはあまり評価されていない。それについて
は、たとえば、『国技』（T5.5）の「行司総まくり」や『春場所相撲号』（T14.2）の
「あっさんの事」などにも指摘されている。しかし、書道や遊芸、顔触れなどは優れ
ていたという指摘もある（たとえば、『角力雑誌』（T10.12）の「式守伊之助（12代）
の引退」）。

司」である。

① 『万朝報』（T15.1.6）の「春場所番付」
「昨秋立行司庄之助が北海道巡業中死亡したので、伊之助〔13代〕が
庄之助〔19代〕を襲名し、勘太夫〔3代〕が14代伊之助を襲名し、す
でに番付に記載してあるも、同人は翁臘死去したので、与太夫〔6代〕
が15代伊之助を、錦太夫〔4代〕が与太夫〔7代〕を襲名することと
なった」

② 『時事新報』（T15.1.6）の「10日前に死んでいる行司伊之助〔14代〕、
きのうの新番付面で昇進した前の勘太夫〔3代〕、協会厳重に喪を秘す」
「昨5日発表された大相撲の新番付に、式守伊之助〔14代〕を襲名発
表された。前名式守勘太夫〔3代〕は、翁臘23日朝〔中略〕自宅で
死去した。未だ死去の事は協会に届けてはなく、協会でも厳重にこれ
を秘し、春場所を打ち上げてから喪を発する事となろう」

死去した位牌行司の式守伊之助〔14代〕の下位行司である式守錦太夫〔3
代〕が1月に15代式守伊之助を襲名することが決まったが、番付では5月場
所からとなっている。これに関しては、伊之助本人が次のように語ってい
る。なお、この伊之助は昭和7年10月に20代木村庄之助を襲名した。昭和
10年（1935）6月には松翁の称号を授与されている[15]。

③ 『夏場所相撲号』（S10.5）の「行司生活51年」
「〔前略〕大正15年1月15代目式守伊之助を襲名して故実門人に差し

---

15) 吉田司家が松翁の免許状を出したのは昭和10年6月である。協会は5月に吉田司家
に松翁の願い書を出している（吉田著『原点に還れ』（H22、p.108））。松翁の免許状
は、たとえば、吉田著『原点に還れ』（H22、p.120）だけでなく、雑誌などにも掲載
されている。

第4章　大正期の立行司

加えられ〔後略〕」(p.79)

④　『野球界』(S14.9) の「松翁と一問一答」
　　「〔前略〕私は式守錦太夫〔3代〕でしばらくおりまして大正15年の1
　　月に15代の式守伊之助を襲いだというわけなのです」(pp.219-20)

　14代式守伊之助はすでに亡くなっていたわけだから、15代伊之助が1月場
所から実質的に伊之助を襲名していたと言ってよい[16]。しかし、番付上は
やはり5月場所からということになる。

6.　結び

　本章では、大正期の立行司をめぐる話題の中からいくつかをピックアップ
し、それがどのように記述されているかを見てきた。それをここでまとめて
おきたい。本章で述べてあることを中心にまとめてあるが、関連あることを
少し補足してある。

(1)　大正3年 (1914) 5月場所、木村誠道は第二席でありながら、12代式
　　守伊之助の襲名を固辞している。それはなぜか。
　　　誠道が伊之助の怨霊を気にし、相撲協会も誠道に同情したからであ
　　る。迷信であることは行司仲間も十分承知していたはずだが、怨霊を
　　慰める供養を行っている。誠道は改名することなく、誠道の名で1場
　　所は伊之助の「代理」を務めている。というのは、5月場所の番付に
　　は伊之助の名がなく、誠道が第二席だからである。当時、第二席は伊

---

16)　大正15年3月に吉田司家から免許を授与されている（吉田著『原点に還れ』(H22、
　　p.120)）。『万朝報』(T15.1.6) でも確認できるように、協会では錦太夫の15代伊之
　　助の襲名は1月場所前にすでに決まっていた。

97

之助と決まっていた。しかし、当時でも立行司は必ず2人いなければ
ならないということはなかった。それまでは、たまたま1人が欠ける
と、次席の行司が昇格し、その空位を埋めていたのである。誠道は大
正4年1月場所では12代伊之助を襲名している。

　その後、大正10年5月場所中、17代庄之助が差し違えの責任を取っ
て突然辞職した。通常であれば次の場所では次席の12代伊之助（誠
道）が昇格し、18代庄之助になるはずである。しかし、12代伊之助
は12月になり、老齢を理由に伊之助のまま辞職してしまった。当時
の文献を見る限り、伊之助の軍配裁きはあまり高く評価されていな
い。庄之助を襲名しても、万一ミスを一つでも犯せば、非難の渦が沸
き起こるはずだと伊之助自身が案じていたのかもしれない。当時、伊
之助は50代後半であり、老齢を理由に引退するには首を傾げたくな
る。しかも、当時は立行司に年齢制限などなかった。

(2) 大正10年5月場所中、17代木村庄之助は突然辞職している。それは
　　なぜか。

　場所中5日目、大錦と鞍ヶ嶽の取組で差違えをしたからである。責
任感の強い17代庄之助はその名を重んじ、潔く辞職した。その辞職
について、当時の新聞や雑誌はほとんどすべてと言っていいくらい激
賞している。しかし、行司職の威厳を堅持するには辞職ではなく、そ
の地位にいながらその威厳を保持する対策をすべきだという記事もい
くつか見られる。また、差し違えの責任感から辞職しているが、それ
はきっかけであり、以前から相撲界に不満があったのだという記事も
ある。どれも真実であろう。もし立行司がたった一度のミスで辞職し
なければならないとしたら、ミスをしないという考えそのものが問わ
れなければならない。17代庄之助は軍配裁きでミスを犯さなかった
らしいが、これはたまたまそうだったにすぎない。人間が裁定で常に
ミスを犯さないという保証はありえないからである。

第4章　大正期の立行司

(3) 大正11年（1922）1月場所、第三席の朝之助が式守伊之助を経験することなく、いきなり18代木村庄之助を襲名している。それはなぜか。

　17代庄之助が場所中に辞職し、12代伊之助が12月に辞職したからである。順送りで人事を進めるのが慣例になっていて、朝之助が式守伊之助の地位を飛び越えて木村庄之助の地位を襲名したのである。この朝之助は土俵上の裁きがうまくなかったらしく、三役の頃まではかなり批判されている。しかし、その批判を知りつつ、協会は朝之助を昇格させている。立行司は必ず2人いるのが当然だという暗黙の了解が相撲界にあったからかもしれない。朝之助に1場所や2場所くらい伊之助を経験させ、その後で庄之助に昇格させてもよかったはずだ。それを協会は選択しなかった。朝之助が18代庄之助になれば、次席の与太夫（三役）が13代伊之助を襲名するのは自然の成り行きだ。この与太夫は三太夫の1人として評判がよく、高い評価を受けていた。

(4) 大正15年（1926）1月場所、19代木村庄之助を襲名したのは13代式守伊之助（前名・与太夫（5代））である。昭和7年（1932）5月場所まで務めている。

　12代伊之助が場所前（12月）に辞職し、朝之助が18代庄之助になり、与太夫が13代伊之助を襲名した。18代庄之助が函館巡業中脳溢血で亡くなったので、この13代伊之助が昇格し、19代庄之助を襲名した。この19代庄之助は軍配裁きがうまく、三太夫の一人として評判がよかった。力士からもかなり信頼されていた。このことは当時の新聞や雑誌記事で知ることができる。欠点もあったはずだが、軍配裁きや行司としての態度や心構えが高く評価されていたためか、世間の関心を引くような話題性には欠けている。うますぎて欠点のない立行司よりうまくなくても欠点のある立行司のほうが世間の注目度は高くなる。うまさを褒めるか、欠点を取り上げるかは、もちろん、評価する人の好みによることが多い。

99

(5) 大正15年（1926）1月場所、番付に記載されている14代式守伊之助（前名・与太夫（5代））は本場所に登場していない。それはなぜか。

　　大正15年1月場所、13代伊之助（前名・与太夫（5代））が19代庄之助を襲名したので、勘太夫が14代伊之助を襲名した。しかし、この14代伊之助は前年の12月26日に病死してしまった。1月場所の番付に式守伊之助（14代）として記載されたが、もちろん、その場所には登場していない。そのため、この行司は同情の意を表し「位牌行司」と称されることがある。番付が発表される前に死去していたなら、特別の理由がない限り、番付に記載されなかったであろう。この行司は名誉ある地位に出世したにもかかわらず、その実現を前にして急死したわけだから、同情を禁じ得ない。

(6) 6代式守与太夫が15代式守伊之助を襲名したのはいつか。大正15年1月か、それとも5月か。

　　この14代伊之助の死去後、15代伊之助を襲名したのは与太夫（6代）である。この与太夫は三太夫の最後の一人である。番付では大正15年5月場所から記載されているが、実質的には大正15年1月場所から式守伊之助の役割を演じている。これは、たとえば、『万朝報』（T15.1.6）の記事で確認できる。本人も雑誌『夏場所相撲号』（S10.5）の「行司生活51年」でもそのように語っている。15代伊之助を襲名したのがいつだったかとなると、番付に従うか、襲名年月に従うかで異なることになる。

　大正15年5月場所で大正時代が終わり、昭和2年春場所で昭和時代に入った。昭和2年春場所は東京相撲と大阪相撲が合併した最初の場所であり、このときから立行司が3人になった。木村庄之助と式守伊之助に加え、新しく木村玉之助が加わったのである。

第5章　立行司の裁く番数

1.　本章の目的[1]

　現在、木村庄之助は結びの1番を、式守伊之助はその前の2番を裁いている[2]。木村庄之助が病気で欠場する場合、式守伊之助が裁く番数は2番である。木村庄之助が空位の場合も式守伊之助はやはり2番裁く。立行司が2人とも出場しない場合、三役行司の1人が代理を務め、2番裁いている[3]。

　同じ立行司であっても木村庄之助と式守伊之助の裁く番数には差がある。この番数の差はいつ頃からあったのだろうか。江戸時代から現在までずっと続いているのだろうか。それとも何らかの変動があって、現在の番数に落ち着いているのだろうか。もし変動があったなら、それはいつ頃まで続いたのだろうか。立行司の裁く番数は簡単にわかるのだろうか。どういう文献を調べればよいのだろうか。このような疑問が浮かんでくる。

---

1)　本章をまとめるのに際して、その準備段階から相撲博物館にずいぶんお世話になった。明治以降の取組表を全部見せていただいた。特に大正末期以降の取組表はいくつか複写もお願いした。ここに改めて感謝の意を表する。なお、本章は中途段階の調査結果であることを記しておきたい。もっと時間をかけて、関連ある資料を丹念に調べれば、かなり確実な証拠が見つかるはずだ。そうすれば、結論はもっと確実になる。この研究がきっかけになり、今後さらにこの方面の研究が精密に行われることを期待している。

2)　本章では木村庄之助を庄之助、式守伊之助を伊之助とだけ呼ぶことが多い。木村庄之助や式守伊之助は地位を表す名称なので木村や式守を省略するのは気が引けるが、繰り返しが多いからである。それに姓を省略しても、誤解を招くことはないと考える。

101

木村庄之助の裁く番数に関して、山田氏は次のように書いている。

① 山田著『華麗なる脇役』（H22）
「立行司木村庄之助は江戸の昔から結びの一番のみに命を賭けるという、伝統的格式と権威は守られ、行司の給与も改善された。」(p.129)[4]

これが真実なら、木村庄之助は江戸の昔から結びの１番のみを裁いていたことになる。本当に、そうだろうか。それを確かめるために、好奇心で過去の文献を調べてみることにした。「江戸の昔」といっても漠然としているので、本章では便宜上「寛政期以降」と定めることにした。寛政３年（1791）に上覧相撲があり、その記録は簡単に入手できるからである[5]。

本章の目的は、寛政期以降、木村庄之助が裁いたのは結びの１番だけだったのかを調べることにある。調査の結果を次にいくつか記しておく。なお、これまで木村庄之助が裁いた番数を詳しく調査したり研究したりした論考はない。

---

3) 立行司が２日以上２人欠場している場合は、原則として、三役行司の筆頭が代理を務める。たとえば、平成25年九州場所で式守伊之助が差し違えのため３日間の出場停止になったが、その間三役筆頭の式守勘太夫が務めた。だが、出場停止の申し渡しが遅く印刷に間に合わず、初日の取組表では式守伊之助が２番裁くことになっている。協会内部では手書きで式守伊之助を式守勘太夫に書き換えたが、観戦者には元の印刷された取組表が配布されていた。２日目と３日目の取組表では式守伊之助の名は記載されていない。なお、手書き修正の取組表は『大相撲ジャーナル』（27年九州場所決算号）の「角界ニュース」(p.96) に掲載されている。（なお、平成29年５月場所７日目に式守伊之助が喉頭炎で声が出にくいため欠場し、急きょ式守勘太夫が代役になり、最後の２番を裁いた。順次、他の三役行司が２番ずつ裁いたので、取組表の取組と行司名は実際と違っていた。しかし、伊之助の欠場や取組表と裁く行司の食い違いについて会場の観客にはまったく説明がなかった。）
4) これは昭和46年12月のストライキや25代庄之助の辞職について述べている文脈の中で書かれている。この本の著者は25代庄之助の長男である。
5) その記録は多くの文献で活字になっている。本章はそのような文献を活用している。

第5章　立行司の裁く番数

(1) 木村庄之助が1番だけ裁くようになったのは昭和8年（1933）以降である[6]。それまでは1番裁いたり、2番裁いたりしている。したがって、江戸の昔から木村庄之助が結びの1番だけを裁いていたというのは間違っている。

(2) 現在、式守伊之助は木村庄之助より1番多く裁いている[7]。以前から式守伊之助が多く裁く傾向があったのは確かだが、常にそうだったわけではない。木村庄之助と式守伊之助が同等に2番裁いたり、伊之助が1番だけ裁いたりすることもあった。

(3) 現在、木村庄之助は結びの一番を裁いている。以前から、その傾向はあったが、式守伊之助が結びの1番を裁くこともあった。特に相撲の取組を中入り前と中入り後に二分していた頃は、木村庄之助と式守伊之助は中入り前と中入り後で最後の取組を隔日交代で裁いていた。しかも、木村庄之助が中入りの前に2番、式守伊之助が中入り後に1番裁くと、翌日はその逆で、式守伊之助が中入り前に2番、木村庄之助が中入り後に1番裁いていた。

(4) 現在、裁く順序は式守伊之助、木村庄之助となっている。取組を中入り前と中入り後に二分しないようになってからは、この順序が守られている。つまり、両人が揃って裁く場合は、その順序は常に式守伊之助が先、木村庄之助が後である。その逆の順序は見当たらない。したがって、木村庄之助と式守伊之助の順位に関して暗黙の了解があった

---

6) 木村庄之助は昭和6年（1931）5月から7年5月まで欠場しているので、その期間を考慮に入れないことにした。昭和8年1月場所には出場し、1番裁いている。式守伊之助は昭和7年5月まで1番だけ裁き、木村玉之助は2番裁いている。

7) 木村庄之助が空位で、立行司が式守伊之助だけの場合でも、式守伊之助は2番裁いている。たとえば、平成29年1月場所で、37代式守伊之助は結びの1番だけでなく、その前の取組も裁いている。結びの1番で式守伊之助は力士を呼び上げるとき、木村庄之助同様に、房を垂らしている。この房垂らしは三役行司であっても、結びの1番を裁くときに行うことになっている。たとえば、三役格の式守勘太夫は平成27年九州場所8日目に結びの1番を裁いたが、房を垂らしている。

ことになる。しかし、裁く番数にも常に差があったわけではない。

(5) 現在、立行司は木村庄之助と式守伊之助の2人である。しかし、明治末期には准立行司があり、それを加えると立行司が3人だった時期もある。昭和2年（1927）に大阪相撲の立行司木村玉之助が加わったが、第三席の准立行司に等しかった。その端的な表れは房色で、半々紫白だった。第二席の伊之助は真紫白だった。裁く番数を比較してみると、木村玉之助と式守伊之助は常に差別されているというわけでもない。ときには、3人の立行司が同数の番数を裁いていたこともあるし、玉之助が伊之助より1番多く裁いていたこともある。

(6) 昭和27年（1952）9月場所以降、式守伊之助（19代、ヒゲの伊之助）は木村庄之助と同じように1番だけ裁いている。それは、式守伊之助が定年で辞める昭和34年11月場所まで続いた。けっこう長い間1番だけが続いていたと言ってよい。ただし、式守伊之助は結びの1番を裁いていない。それを裁いたのはやはり木村庄之助である。裁く番数が同じであっても、2人の間には地位の差があり、それは常に維持されていた。

(7) 昭和26年1月に副立行司を設けることが決まり、5月以降それが実施された。その結果、木村庄之助と式守伊之助に加え、第三席の副立行司が作られた[8]。その副立行司は昭和34年（1959）11月まで続いた。その間、副立行司は2人いたが、隔日交替で毎日2番ずつ裁いている。つまり、木村庄之助と式守伊之助は1番ずつ裁き、副立行司は2番ずつ裁いている。真の立行司と准立行司には裁く番数で差があった。

(8) 昭和35年1月場所から副立行司が廃止された。その結果、立行司は現在のように木村庄之助と式守伊之助の2人になった。そして、裁く番数も木村庄之助が結びの1番、式守伊之助がその前の2番となった。これが現在まで続いている。

---

8) 昭和20年代以降の行司制度に関しては、拙著『大相撲行司の房色と賞罰』（H28）の第8章「行司の年譜」でも簡単に記してある。

第5章　立行司の裁く番数

このように見てくると、木村庄之助が江戸の昔からずっと結びの1番だけ
を裁いていたというのは間違った思い込みであることがわかる。

なお、本章では木村庄之助が裁いた番数に焦点があり、裁いた取組が「常
に結びだけ」だったかどうかについてはあまり触れない。確かに、木村庄之
助は式守伊之助より後の取組を裁くのが普通だったが、「常に」そうだった
わけではない。たとえば、大正14年（1925）から15年の取組表でもわかる
ように、木村庄之助と式守伊之助は中入り前と中入り後の取組を交互に裁い
ている[9]。また、式守伊之助（6代）は明治10年（1877）1月から13年5月ま
で木村庄之助より上位だったこともあり、木村庄之助（14代）より後で裁い
ていたに違いないだろう。このように、木村庄之助は必ずしも「結びの取
組」だけを裁いていたわけではない。

2.　行司側の言い分

昭和46年（1971）12月に理事側と行司側の間で争議があった[10]。これは
「行司の反乱」と呼ばれることもある[11]。この争議は12月25日に始まり26
日に終結したが、争点の1つに木村庄之助の裁く番数があった。理事側は木
村庄之助も式守伊之助と同じように2番裁くことを主張したのに対し、行司

---

9)　この場合には木村庄之助と式守伊之助は別々に中入り前と中入り後で裁いている。す
　　なわち、後半の取組を木村庄之助が常に裁いていたわけではないし、式守伊之助が前
　　半の取組を常に裁いていたわけでもない。木村庄之助と式守伊之助が同じ取組をとも
　　に裁いていないので、裁く順序は必ずしも問題にならないかもしれない。指摘したい
　　のは、木村庄之助が常に後半の取組を裁いていたのではないということである。

10)　この争議については当時の新聞や雑誌などで大々的に取り上げられているが、拙著
　　『大相撲行司の房色と賞罰』（H28）の第7章「行司の反乱」でもその概要を簡単にま
　　とめている。そこでも木村庄之助の裁く番数は1番だけでなかったのかもしれない
　　という指摘をしている。

11)　この行司の反乱は「行司の造反劇」と呼ばれることもある。他にも呼び方があるか
　　もしれないが、当時の争議には公式の名称はない。

105

側は木村庄之助の裁く番数は従来どおり1番だけにすべきだと主張した。

① 対立する2つの主張
番数に関連する部分のみを『スポーツニッポン』／『日刊スポーツ』
（S46.12.26）から引用する[12]。

理事側：　「立行司は二番、十両格以上は三番、取組番数を裁く。
余った十両以上の5、6人には事務的仕事をさせる」

行司側：　「立行司木村庄之助が結びの一番だけでなく二番裁くのは
行司の権威を失墜させるものである」

　理事側は行司全体の仕事の役割を見直し、効率よく仕事を進めていくこと
に主眼点があり、木村庄之助の番数にあまりこだわっていない。それに対
し、行司側は木村庄之助の裁く番数を増やすことに反対している。木村庄之
助は行司の最高位であり、従来よりも裁く番数を1番増やすことは行司の権
威を失墜させることになるからだという。この意見の対立が争議の原因の1
つとなり、行司はストライキに突入することになる。しかし、お互いに話し
合った結果、理事側は行司側の主張を受け入れ、木村庄之助は従来どおり結
びの1番だけを裁くことになった。もちろん、この他の案件も争議の原因に
なっており、それらについても話し合いの結果、円満に解決し、行司の反乱
は2日間で収まった。

　ここで、1つの疑問が生じる。つまり、木村庄之助が2番裁くことは行司
の権威を失墜させることになるのだろうかという疑問である。しかし、行司
側はそのように捉えていたのだから、それに疑義を差し挟む必要もない。実
際、当時の若い行司たちもそのように捉えていた。それを確認できる新聞記
事がある。

---

12)　本章では引用の際、字句の一部を変えることがある。厳密な原文が必要な場合は、
　　出典元に当たることを勧める。（引用文中の〔　〕内は著者による補足。）

106

第5章　立行司の裁く番数

② 若い行司の言葉

この若い行司は文脈から幕下以下の行司である。ここでは番数と関連ある箇所のみを『日刊スポーツ』（12月26日）の囲み記事「クリーンシート」から引用する。

「われわれは将来、結びの一番を裁く行司になるのが目標だった、これでは行司全体のレベル低下だ」

この辺りの事情を25代木村庄之助が辞表提出後の雑誌のインタビュー記事で次のように語っている。これはこれまで引用した2つの記事①②を補足するものである。

③ 『大相撲』（S47.4）の「庄之助はなぜやめた」

「〔前略〕庄之助だって二番裁いてもかまわないんじゃないかという人もいるが、わたしの庄之助時代に一番が二番になったと言われては、25代庄之助の弱腰が歴史に残ってしまう。また、庄之助の権威から言っても一番でなくてはならないのじゃないかと、私は考えた。これは私一人の古い考えかもしれないので、若い行司に聞いてみたが、みんな『庄之助はみんなのシンボルだ。二番裁くなんてとんでもない。結びの一番を命がけで裁くようになるのが、われわれの夢なんだ』と言いましたよ。そこで、私は"庄之助"の名を守るために、辞表を出した。わたしとしてはわたし一人の問題として辞表を書いたのだが、給与などの不満から、他の行司も同調して、20人が辞表を書き、あのような造反劇になったわけです」（p.77）

25代庄之助は1番を裁くことが江戸時代から続いてきたとは語っていないが、1番しか裁いていなかったという考えは持っていたかもしれない。1番を2番にするのは権威を貶めることだし、それを自分の時代に変えたとなると、汚名を歴史に残すからだとも語っている。若い行司たちと同じように、25代庄之助も「木村庄之助」を行司のシンボルだと捉えていたに違いない。

立行司が1番裁くことが権威とシンボルを象徴しているという考えは、先にも触れたように、行司たちの考えとして尊重すべきである。

これは現在、立行司が短刀を差しているのは土俵上で間違いを犯した場合、切腹するだけの覚悟があると語られるとき、それに異を唱えないのと同じである。短刀はもともと武士としての待遇を受けたことを示すシンボルであったが、いつの間にか切腹と関連づけて解釈されるようになった。しかも、明治9年（1934）の廃刀令が出されたときに、立行司も帯刀が許されなかった[13]。すなわち、立行司は常に途切れることなく帯刀していたわけでもないのである。

木村庄之助が昔から常に結びの1番しか裁いていなかったのならば、それは歴史的にも権威の象徴として捉えられていたかもしれない。しかし、事実はかなり異なる。2番裁いていたことが判明した場合、行司の権威が損なわれていたと言えるだろうか。もし昭和8年頃まで式守伊之助とともに2番ずつ裁いていたのだと誰かが指摘したなら、25代庄之助や当時の行司たちはどのように答えたのだろか。歴史的に木村庄之助が2番裁くことがたくさんあったとしても、それは昔の話であり、現在とは異なると主張するだろうか。私はそのように主張してもかまわないという立場である。当時、木村庄之助は結びで1番裁くことになっていて、それが世間で当たり前の考えになっていたのだから、その考えをそのまま尊重してよい。それに反対する必要はまったくない。ただ、歴史的には、2番裁いていた事実があったことを無視したり拒否したりしてはいけないというだけである。

もし、25代庄之助が裁く番数を1番から2番に増やした場合、それを弱腰として見るかどうかについては評価が分かれるはずだ。やむを得ない事情が発生したなら、番数を増やしても仕方ないのではないか。この場合は、行司

---

13) 立行司の帯刀や廃刀令に関しては、拙著『大相撲行司の伝統と変化』（H22）の第6章「行司の帯刀」と第7章「帯刀は切腹覚悟のシンボルではない」や『大相撲行司の軍配房と土俵』（H22）の第1章「立行司も明治11年には帯刀しなかった」でも詳しく扱っている。

の人数をどのように把握するかということが問題になる。昭和46年12月の
「行司の反乱」で行司が憤激したのは、理事側が一方的に番数を変更した
り、行司の一部を別の職域に異動させたりするという判断をしたことであ
る。しかも、それを行司側と事前に相談することなく、突然一方的に通告し
たことである。木村庄之助の裁く番数を1番から2番増やすのであれば、行
司側と納得のいくまで話し合う必要があった。

　本章で指摘しているのは、番数を増やすことが権威の喪失と直結するかど
うかを問題にしているのではなく、歴史的には木村庄之助が2番あるいはそ
れ以上裁いていたという事実である。25代庄之助や他の行司たちがその事
実を知りながら、立行司の権威を持ち出したり、木村庄之助を行司のシンボ
ルだと唱えたりしていたとすれば、行司の反乱の大義名分も成り立つ。しか
し、事実を知らなかったのならば、もっと別の意義づけをしなければならな
かったかもしれない。

3. 上覧相撲と天覧相撲

3.1　江戸時代の上覧相撲

　江戸期には寛政3年（1791）以降、7回の上覧相撲が行われた。その記録
もあり、対戦する力士だけでなく、裁いた行司名も記載されている。ここで
は、そのいくつかを見ていく。どの上覧相撲でも木村庄之助は2番以上裁い
ている。

　① 寛政3年6月11日、江戸城吹上の上覧相撲（酒井著『日本相撲史（上）』、
　　 p.175）。
　　 木村庄之助は中入り前に3番裁いている。
　　　　 梶ケ濱と出羽海、雷電（灘）と錦木、鷲ケ濱と宮城野
　　 中入り後は2番裁いている。

109

九紋龍と柏戸、陣幕と雷電（為）

　式守伊之助は中入り前に6番、中入り後に7番裁いている。なお、結びの一番は吉田追風が小野川と谷風の取組を裁いている。

② 享和2年（1802）12月4日、江戸城吹上の上覧相撲（酒井著『日本相撲史（上）』、p.209）。
　　木村庄之助は3番裁いている。
　　　　関戸と千田川（欠場）、梁と押尾川、雷電と鳴瀧
　　二番手の式守与太夫は10番裁いている。当時、式守伊之助はいなかった。

③ 文政6年（1823）4月3日、江戸城吹上の上覧相撲（酒井著『日本相撲史（上）』、p.262）。
　　木村庄之助は三役の取組を3番裁いている。
　　　　諭鶴羽と陣幕、荒鳥と音羽山、柏戸と玉垣
　　式守伊之助は4番裁いている。

④ 天保14年（1843）9月25日、吹上の上覧相撲（酒井著『日本相撲史（上）』、p.314）。
　　木村庄之助は欠場。式守伊之助は8番裁いている。三役力士の取組前に3番、三役力士の取組を5番裁いている。
　　　　（三役力士の取組前）
　　　　縄張と黒柳、白山と黒雲、要石と高根山
　　　　（三役力士の取組）
　　　　相生と柏戸、猪名川と友綱、不知火と剣山、小柳と荒馬、兜山と龍ヶ嶽

⑤ 嘉永2年（1849）4月18日、江戸城吹上の上覧相撲（酒井著『日本相撲

110

第5章　立行司の裁く番数

史（上）』、p.331）。

木村庄之助は3番裁いている。

　　　小柳と荒馬、鏡岩と御用木、剣山　秀ノ山

二番手の式守鬼一郎は6番裁いている。式守伊之助は欠場。

3.2　明治以降の天覧相撲

　明治時代にも10回ほど天覧相撲が行われているが、その中で木村庄之助が裁いている番数がはっきりしているものをいくつか見ていく。また明治43年には台覧相撲も行われているので、それも見ていく。

⑥　明治14年（1881）5月9日、麻布島津別邸の天覧相撲（酒井著『日本相撲史（中）』、pp.56-7）[14]。

　木村庄之助は「三役」で3番裁いている。

　　　武蔵潟と手柄山、梅ケ谷と若島、境川と荒角

二番手の式守鬼一郎は3番裁いている。当時、式守伊之助はいない。

⑦　明治17年（1884）3月10日、芝延遼館の天覧相撲（酒井著『日本相撲史（中）』、pp.69-70）。

　「これより三役」で木村庄之助は3番裁いている。

　　　剣山と大達、大鳴門と西の海、梅ケ谷と楯山

二番手の木村庄三郎は3番裁いている。当時、式守伊之助はいない。

　この頃までは木村庄之助が3番くらい裁くのは普通だったが、明治末期になると、裁く番数はそれより少なくなっている。地位としての木村庄之助と式守伊之助の間に差が明確になり、それが裁く番数にも反映されたのかもしれない。

14）　錦絵「豊歳御代之栄」（安次画）はこの天覧相撲を描いている。

111

明治43年（1910）1月と大正6年（1917）4月の台覧相撲では木村庄之助は1番ずつ裁いている。これは相撲の規模によるのかもしれないし、立行司間の地位の差によるのかもしれない。明確な理由は、今のところ、わからない。

⑧ 明治43年1月9日、国技館の台覧相撲（『読売新聞』（M43.1.9））。
　　木村庄之助は一番だけ裁いている。
　　　常陸山と梅ケ谷
　　式守伊之助と木村庄三郎は2番ずつ裁いている。

明治14年（1881）5月や明治17年3月の天覧相撲では木村庄之助は3番ずつ裁いているが、普通の本場所では何番裁いていたのだろうか。本場所では1番しか裁かないが、天覧相撲では3番も裁いたのだろうか。それとも、天覧相撲と同様に、普通の本場所でも3番くらいは裁いていたのだろうか。今のところ、どれが真実であるかを決める証拠がまだ見つかっていない。推測にすぎないが、天覧相撲で3番裁いていることから、本場所でもそれくらいの番数は裁いていたはずだ。なぜなら、天覧相撲だからと言って、本場所で裁いていた番数を変えることはないからである[15]。これは明治時代の天覧相撲だけでなく、江戸時代の上覧相撲にもそのまま当てはまるはずだ。その推論が正しいことを証明するには、確かな証拠が必要である。

明治時代の本場所で木村庄之助や木村瀬平の裁く番数を示唆するような記述があるので、それを参考までに示しておく。

---

15)　上覧相撲や天覧相撲のような御前相撲では、本場所と違い、裁く番数を特別に増やす慣例があったということも考えられるが、本章ではそのような考え方はしていない。できるだけ本場所に近い番数を裁いていたという立場である。これが事実に反しているとすれば、本章で述べていることは大きく修正しなければならない。

112

第5章　立行司の裁く番数

⑨　明治34年5月（3日目）

木村庄之助は大砲と小松山の1番を裁いている。木村瀬平は源氏山と梅の谷の取組、それに常陸山と国見山の取組2番を裁いたようだ（『東京日日新聞』（M34.5.21）の「回向院の大相撲」）。

⑩　明治38年1月場所（8日目）

木村瀬平は中入り前で稲川と梅ケ谷の取組1番を裁いている（『時事新報』（M38.2.6）の「故木村瀬平御経歴」）。

⑪　明治42年1月17日（3日目）

木村庄之助は結びの大湊と梅ケ谷の1番を裁いている（『都新聞』M42/1/17）。

⑫　明治42年6月（初日）

木村庄之助は結びの梅ケ谷と西ノ海の取組1番を裁いている。

　明治34年頃になると、立行司の木村庄之助や木村瀬平はほぼ同等の地位になり、裁く番数も同等になっていたかもしれない。ただ、断片的な記述を見て、当時、庄之助や瀬平が1番しか裁かなかったと判断するのは危険である。前日や翌日の番数とか中入り前や中入り後の番数などがわからないと、何番裁いていたかを断定することはできないからである。さらに、明治のある時期には庄之助や瀬平の裁く番数にも変化があったかもしれない。そういう変化があったかどうかを知るには今後の研究を俟たなければならない。ここで示した事例はたまたま見つかったもので、当時の番数を断定するにはもっと確実な証拠が必要である。

3.3　大正時代

　大正2年（1913）1月から大正3年5月までの新聞記事の取組解説で行司名

113

も記載されているものがある。大正2年1月場所は大阪相撲と東京相撲の合併相撲なので、木村庄之助の裁く番数を知るには必ずしも適していない。しかし、大正2年5月以降であれば、東京相撲で木村庄之助が何番裁いていたかを知ることができる。そして、木村庄之助は毎日1番だけ裁いている。他方、伊之助は初日と4日目に2番ずつ裁いたが、それ以外は欠場と出場を繰り返し、出場した日は1番のみ裁いている。すなわち、伊之助は2番の日もあれば、1番の日もある。

　大正3年1月場所では、初日から3日目まで庄之助と誠道は隔日に2番と1番ずつ裁いている。したがって、庄之助が2番裁くこともあった。4日目以降は庄之助と誠道は1番ずつ裁いている。大正3年5月場所では、庄之助と誠道は1番ずつ裁いている。10日目に誠道は伊之助に改名している。大正4年1月場所以降は、取組解説の中に行司名は記載されていない。

　大正3年1月場所で初日から3日まで庄之助と誠道が隔日に2番と1番を裁いていることから、庄之助は最後の一番しか裁かないという考えはやはり正しくない。しかし、4日目以降、庄之助は確かに1番だけ裁いている。庄之助と誠道が同じ日に出場し、誠道が結びの1番を裁いていることから、例外扱いでないことは確かだ。

　大正時代にも明治時代と同様に台覧相撲が行われている。

⑬　大正6年4月29日、高輪御殿内の台覧相撲（『国技』大正6年5月号、p.3）。
　　木村庄之助は太刀山と西ノ海の取組1番を裁いている。
　　式守伊之助と木村朝之助も1番ずつ裁いている。木村庄之助の番数と同じである。

3.4　昭和時代

⑭　昭和5年（1930）4月29日、宮城内覆馬場の天覧相撲（『近世日本相撲史（一）』、p.144）。

第5章　立行司の裁く番数

木村庄之助は常の花と宮城山の取組1番を裁いている。

式守伊之助と木村玉之助は2番ずつ裁いている。

　江戸時代や明治時代の本場所における立行司の裁く番数はどうなっていたのだろうか。当時の取組表を調べてみると、力士名だけが記載されていて、行司名は記載されていない[16]。したがって、木村庄之助はもちろんのこと、他の行司の裁く番数もわからない。それを知るにはそれ以外の文献に当たらなければならない。新聞や雑誌などに当たり、取組を解説した記事を調べることになるが、必ずしもうまく見つかるとは限らない[17]。

　本章では、大正期に行司名を記した取組表があり、それによって庄之助の裁きの番数や裁く取組の状況が明白になったことから、それ以前についてはあまり調査していない。庄之助が昔から結びの1番だけを裁いていなかったことは、大正期の取組表で裏づけることができたからである。

4. 取組表の行司名記載

　大正14年1月までの取組表には対戦する力士が記載されているのみで、行司名は記載されていない。したがって、どの行司がどの取組を裁いたかだけ

---

16)　明治18年5月場所7日目までの取組表は木版刷りだが、8日目に活版印刷になっている（相撲博物館所蔵の資料で確認した）。しかも場所の最終日に突然刷り方が変わっている。なぜ急に最終日に変わったのだろうかと一瞬不思議な感じがしたが、今でも変更の理由はわからない。相撲界では決まりごとが急に公表されることがよくあるが、それは表面的にそうなっているだけで、それまでには時間をかけて討議を重ねているのが普通である。水面下の動きはあるが、それが見えないだけである。取組表の刷り方が急に変わったのもその一つにしかすぎないはずだ。

17)　好角家の遺したメモなどに取組の勝敗だけでなく、裁いた行司の名前も記載したものがあるかもしれない。そういう資料がどこかにあるような気がするが、その幸運に恵まれなかった。今のところ、公的になっている文献だけを調べているが、それも丹念に調べたわけではない。

115

でなく、何番裁いたかもわからない。大正14年5月以降は取組表に行司名が記載されている。しかし、最初の頃は上位行司だけが記載されていた。本章では、立行司の木村庄之助や式守伊之助の裁く番数を調べているので、大正14年5月以降の取組表は本当に貴重な資料であることは間違いない。この取組表にある立行司の裁いた番数は本章の末尾の「資料」に示してある。立行司の裁く番数にポイントをおいてまとめてある。

　大正14年5月以降の取組表を調べれば、木村庄之助が昭和9年1月場所まで結びの1番だけでなく、2番も裁いていたことが確認できる。それにより木村庄之助が結びの1番を江戸の昔から裁いていたという考えが正しくないことを証明するのに、わざわざ江戸時代や明治時代の文献に必ずしも当たる必要はない。それではなぜ大正以前の番数も調べたのか。それには2つ理由がある。木村庄之助の裁く番数を寛政期以降現在まで全部知りたかったからである。もう1つは、その番数にどのような変動があったかを知りたかったからである。本章では、残念ながら、その目的は達成されていない。本場所の番数がほとんどわからないからである。しかし、木村庄之助が結びの1番を昔から裁いていたという指摘が正しいかどうかを確認することはできた。それが本章の目的だったので、それについては達成できた。

　それでは、大正14年5月以降の取組表の中からいくつか見ていくことにしよう。

4.1　大正14年5月

　木村庄之助が1番、式守伊之助が2番裁くということもあれば、その逆のこともある。また、2人とも1番ずつ裁くこともある。中入り前と中入り後を毎日交互に裁いている。庄之助が伊之助より少なく裁くということもない。この取組表を見れば、庄之助が結びの1番を昔から裁いていたという考えは成り立たなくなる。

第5章　立行司の裁く番数

大正14年夏場所（5月）

		庄之助	伊之助
初日	前	1	
	後		2
2日	前		1
	後	2	
3日	前	2	
	後		2
4日	前		2
	後	1	
5日	前	2	
	後		1
6日	前		欠
	後	2	
7日	前	1	
	後		1
8日	前		1
	後	1	
9日	前	1	
	後		1
10日	前		1
	後	1	
11日	前		1
	後	1	

4.2 昭和3年5月

　立行司3人の間では席次は明確に決まっているが、裁く番数は必ずしもその席次を反映していない。どの行司も同じように2番裁くこともあるし、1番のこともある。

昭和3年5月

	庄之助	伊之助	玉之助
初日	1	2	2
2日	2	1	2
3日	2	2	1
4日	1	2	2
5日	2	1	2
6日	2	2	1
7日	1	2	2
8日	2	1	2
9日	2	2	1
10日	1	2	2
11日	1	2	2

4.3 昭和9年1月

　昭和6年（1931）頃から木村庄之助が1番、式守伊之助と木村玉之助が2番ずつ裁くようになっていたが、昭和9年1月の取組表では7日目に庄之助が2番裁いている。他の日は1番だけである。7日目には他の2人の立行司も登場しているので、庄之助が例外的に代理を務めているわけではない。なぜ急に7日目だけ2番裁いたのかはわからない。7日目に2番裁いているので、そ

第5章　立行司の裁く番数

の日まで庄之助が1番裁くことが定着していなかったと判断した。それがなければ、昭和6年1月から庄之助は結びの1番だけに定着していると言える。たった1日の例外的とも見える番数だが、庄之助はこの場所まで結びでも2番裁くことがあったとしておく。

昭和9年1月

	庄之助	伊之助	玉之助
初日	1	2	2
2日	1	2	2
3日	1	2	2
4日	1	2	2
5日	欠	2	1
6日	欠	2	1
7日	2	2	1
8日	1	2	2
9日	1	2	2
10日	1	2	欠
11日	1	2	2

4.4　昭和9年5月

　この場所から、木村庄之助1番、江守伊之助と玉之助が2番ずつとなっている。つまり、庄之助と他の2人の間には裁く番数の差があり、それが固定するようになった。先場所の7日目を庄之助が1番だけ裁いていたならば、庄之助が結びの1番だけに定着したのは昭和6年1月となったはずである。

119

昭和9年5月

	庄之助	伊之助	玉之助
初日	1	2	2
2日	1	2	2
3日	1	欠	2
4日	1	欠	2
5日	1	欠	2
6日	1	2	2
7日	1	2	欠
8日	1	欠	2
9日	1	2	2
10日	1	2	2
11日	1	2	2

4.5　昭和27年9月

　式守伊之助はこの場所から昭和34年（1959）11月まで1番のみ裁いている[18]。これは、庄之助と同じ番数である。副立行司（つまり准立行司）の玉之助と正直は毎日交互に2番裁いている。19代式守伊之助が1番のみ裁くようになったのは、病気上がりだったことや老齢への配慮があったようだ。先のような配慮になったことには当時の出羽海理事長と伊之助の仲がよかったことも関係あるのかもしれない。行司の番数は慣例に従うのが普通だが、変更は理事側の決定事項だからである。

---

18)　昭和27年春場所と夏場所を式守伊之助（19代）は病気で休場している。いつの時点で、伊之助が1番裁くことが決まったかについては調べてない。昭和26年9月には2番裁き、続く2場所は病気で休場し、復帰した27年9月には1番裁いている。復帰した後に病状を考慮し、特例として1番だけ裁くことにしたが、それが常態化したのかもしれない。これは単なる推測であり、実際は他の理由があるのかもしれない。

昭和27年9月

	庄之助	伊之助	玉之助	正直
初日	1	1	2	2
2日目以降	初日と同じ			

4.6　昭和35年1月

　昭和35年（1960）1月から副立行司が廃止され、立行司は木村庄之助と式守伊之助の2人になった。裁く番数は庄之助1番、伊之助は2番となった。

昭和35年1月

	庄之助	伊之助
初日	1	2
2日目以降	初日と同じ	

　35年1月から48年1月までは三役行司と幕内行司の間で裁く番数に差があったり、十両内で裁く番数に違いがあったりした。三役行司と十両以上の行司が平等に2番ずつ裁くようになったのは昭和49年3月である。したがって、現在のように、庄之助が1番、伊之助から十両までの行司が2番ずつと定まったのは、昭和49年3月以降ということになる。

5. 結び

　木村庄之助は江戸の昔から結びの1番だけ裁いていたという考えが間違っていたことは大正14年（1925）5月以降の取組表で確認できた。行司名が記載されていない大正14年1月以前の取組表を見なくてもそれは明らかである。しかし、立行司の裁く番数にはかなりの変動があり、それを知るには大正14年1月以前の裁く番数も調べなければならない、また、なぜそのような変動があったかについても本章ではまったく触れていない。そのようなことに関心があれば、今後研究する必要がある。

　また大正14年1月以前の本場所で、木村庄之助や式守伊之助が何番裁いていたかについて実質的には何も触れていない。それを知るための資料が不足しているからである。その代わり、江戸期の上覧相撲と明治以降の天覧相撲や台覧相撲の取組表で立行司の番数を調べ、それを基に本場所の裁く番数もそれに近いはずだと推測した。その推測が正しいかどうかは、まだ実証されていない。これも今後の解決すべき課題の一つである。

　本章ではもっぱら立行司の裁く番数にだけ焦点を絞っている。三役以下の行司の裁く番数についてはほとんど触れていない。取組表に行司名が記載されるようになった大正14年5月以降であれば、特に三役行司は、立行司と同じくらい、調査しやすいかもしれない。行司の地位が低くなるにつれて、調査は難しくなる。資料がそれだけ少なくなるし、裁く番数にも増減があることが予測できるからである。また、以前には、十両以上の行司の中には取組を毎日裁かない者もいた。調査を進めていけば、こういった状況などもわかるはずだ。その原因も知りたくなるかもしれない。いずれにしても、三役以下行司の裁く番数やその変動などに関心があれば、今後研究しなければならない。

122

第5章　立行司の裁く番数

【資料】大正14年以降の裁いた番数

大正14年夏場所（5月）

		庄之助	伊之助
初日	前	1	
	後		2
2日	前		1
	後	2	
3日	前	2	
	後		2
4日	前		2
	後	1	
5日	前	2	
	後		1
6日	前		欠
	後	2	
7日	前	1	
	後		1
8日	前		1
	後	1	
9日	前	1	
	後		1
10日	前		1
	後	1	
11日	前		1
	後	1	

123

大正15年1月

		庄之助	伊之助
初日	前	2	
	後		欠
2日	前		欠
	後	1	
3日	前	2	
	後		欠
4日	前		欠
	後	1	
5日	前	2	
	後		欠
6日	前		欠
	後	1	
7日	前	2	
	後		欠
8日	前		欠
	後	1	
9日	前	1	
	後		欠
10日	前		欠
	後	1	
11日	前	2	
	後		欠

大正15年5月

		庄之助	伊之助
初日	前	2	
	後		1
2日	前		2
	後	1	
3日	前	2	
	後		1
4日	前		2
	後	1	
5日	前	2	
	後		欠
6日	前		1
	後	1	
7日	前	2	
	後		1
8日	前		1
	後	1	
9日	前	2	
	後		1
10日	前		1
	後	1	
11日	前		1
	後	1	

第5章　立行司の裁く番数

昭和2年1月

	庄之助	伊之助	玉之助
初日	2	1	2
2日	1	2	2
3日	2	2	1
4日	2	1	2
5日	1	2	2
6日	1	2	1
7日	1	1	1
8日	1	1	1
9日	1	1	1
10日	1	1	1
11日	1	1	1

昭和2年5月

	庄之助	伊之助	玉之助
初日	2	2	2
2日	2	2	2
3日	2	2	2
4日	1	2	2
5日	2	1	2
6日	1	2	1
7日	1	2	1
8日	2	2	欠
9日	1	1	1
10日	1	1	1
11日	1	1	1

昭和3年1月

	庄之助	伊之助	玉之助
初日	1	2	2
2日	2	1	2
3日	2	2	1
4日	1	欠	2
5日	1	欠	2
6日	2	欠	1
7日	1	2	2
8日	2	1	2
9日	2	2	1
10日	1	2	2
11日	1	1	2

昭和3年5月

	庄之助	伊之助	玉之助
初日	1	2	2
2日	2	1	2
3日	2	2	1
4日	1	2	2
5日	2	1	2
6日	2	2	1
7日	1	2	2
8日	2	1	2
9日	2	2	1
10日	1	2	2
11日	1	2	2

125

昭和4年1月

	庄之助	伊之助	玉之助
初日	1	2	2
2日	2	1	2
3日	2	2	1
4日	1	2	2
5日	2	1	2
6日	2	2	1
7日	1	2	2
8日	2	1	2
9日	2	2	2
10日	1	2	2
11日	1	2	2

昭和4年5月

	庄之助	伊之助	玉之助
初日	1	2	2
2日	2	1	2
3日	2	2	1
4日	1	2	2
5日	2	1	2
6日	2	2	1
7日	1	2	2
8日	2	1	2
9日	2	2	1
10日	1	2	2
11日	1	2	2

昭和5年1月

	庄之助	伊之助	玉之助
初日	1	2	2
2日	2	1	2
3日	2	欠	1
4日	1	欠	2
5日	2	2	1
6日	2	2	1
7日	1	2	2
8日	2	1	2
9日	2	2	1
10日	1	2	2
11日	1	2	2

昭和5年5月

	庄之助	伊之助	玉之助
初日	1	2	2
2日	2	1	2
3日	2	2	1
4日	1	2	2
5日	2	1	2
6日	2	2	1
7日	1	2	2
8日	2	1	2
9日	2	2	1
10日	1	2	2
11日	1	2	2

第5章　立行司の裁く番数

昭和6年1月

	庄之助	伊之助	玉之助
初日	1	2	2
2日	2	1	2
3日	2	2	1
4日	1	2	2
5日	2	1	2
6日	2	2	1
7日	1	2	2
8日	2	1	2
9日	2	2	1
10日	1	2	2
11日	1	2	2

昭和6年5月

	庄之助	伊之助	玉之助
初日	欠	1	2
2日〜11日	初日と同じ		

昭和7年2月（8日間）

	庄之助	伊之助	玉之助
初日	欠	1	2
2日〜8日	初日と同じ		

昭和7年5月

	庄之助	伊之助	玉之助
初日	欠	1	2
2日〜11日	初日と同じ		

昭和8年1月

	庄	伊之助	玉之助
初日	1	2	2
2日〜11日	初日と同じ		

昭和8年5月

	庄之助	伊之助	玉之助
初日	1	2	2
2日〜11日	初日と同じ		

昭和9年1月

	庄之助	伊之助	玉之助
初日	1	2	2
2日	1	2	2
3日	1	2	2
4日	1	2	2
5日	欠	2	1
6日	欠	2	1
7日	2	2	1
8日	1	2	2
9日	1	2	2
10日	1	2	欠
11日	1	2	2

昭和9年5月

	庄之助	伊之助	玉之助
初日	1	2	2
2日	1	2	2
3日	1	欠	2
4日	1	欠	2
5日	1	欠	2
6日	1	2	2
7日	1	2	欠
8日	1	欠	2
9日	1	2	2
10日	1	2	2
11日	1	2	2

昭和10年1月

	庄之助	伊之助	玉之助
初日	1	2	2
2日〜11日	初日と同じ		

昭和10年5月

	庄之助	伊之助	玉之助
初日	1	2	2
2日〜11日	初日と同じ		

　（『春場所相撲号』（S10.1）の木村正東筆「木村庄之助物語」（pp.100-1）に「本場所で二番も勝負を見れば生活ができるのだから、行司はラクでいいなんて言うものもあるが、それは行司の苦心を知らぬものの言だ」（p.101）とある。この行司が木村庄之助を指しているかどうかはっきりしない。文脈から判断すれば、木村庄之助を指しているようだ。しかし、取組表によれば、昭和9年ないし10年当時、木村庄之助は1番しか裁いていない。）

第5章　立行司の裁く番数

昭和11年1月

	庄之助	伊之助	玉之助
初日	1	2	2
2日〜11日	初日と同じ		

昭和11年5月

	庄之助	伊之助	玉之助
初日	1	2	2
2日	1	2	2
3日	1	2	2
4日	1	2	1
5日	1	2	1
6日	1	2	1
7日	1	2	2
8日〜11日	7日目と同じ		

昭和12年1月

	庄之助	伊之助	玉之助
初日	1	2	2
2日	1	2	2
3日	1	2	1
4日	1	2	1
5日	1	2	1
6日	1	2	2
7日〜11日	6日目と同じ		

昭和12年5月（13日間）

	庄之助	伊之助	玉之助
初日	1	2	2
2日	1	2	2
3日	1	2	2
4日	1	2	2
5日	1	2	1
6日	1	2	2
7日	1	2	2
8日	1	2	2
9日	1	2	欠
10日	1	2	欠
11日	1	2	欠
12日	1	2	欠
13日	1	2	欠

昭和13年1月（13日間）

	庄之助	伊之助	玉之助
初日	1	2	2
2日〜13日	初日と同じ		

昭和13年5月

	庄之助	伊之助	玉之助
初日	1	2	2
2日〜13日	初日と同じ		

昭和14年1月

	庄之助	伊之助	玉之助
初日	1	2	2
2日〜10日	初日と同じ		
11日	1	1	2
12日	1	2	2
13日	1	2	2

昭和14年5月（15日間）

	庄之助	伊之助	玉之助
初日	1	2	2
2日〜7日	初日と同じ		
8日	1	2	1
9日	1	2	1
10日	1	2	2
11日〜15日	10日目と同じ		

昭和15年1月

	庄之助	伊之助	玉之助
初日	1	1	2
2日〜15日	初日と同じ		

昭和15年5月

	庄之助	伊之助	玉之助
初日	1	2	2
2日	1	1	2
3日	1	2	2
4日	1	1	2
5日〜8日	4日目と同じ		
9日	1	2	2
10日	1	2	2
11日	1	2	2
12日	1	1	2
13日	1	2	2
14日	1	1	2
15日	1	2	2

第5章　立行司の裁く番数

昭和16年1月

	庄之助	伊之助	玉之助
初日	1	2	2
2日	1	1	2
3日	1	2	2
4日	1	1	2
5日	1	2	2
6日	1	1	2
7日	1	2	2
8日	1	1	2
9日	1	2	2
10日	1	1	2
11日	1	2	2
12日	1	1	2
13日	1	2	2
14日	1	1	2
15日	1	2	2

昭和16年5月

	庄之助	伊之助	玉之助
初日	1	2	2
2日	1	1	2
3日	1	2	2
4日	1	1	2
5日	1	2	2
6日～15日	5日目と同じ		

昭和17年1月〜5月

	庄之助	伊之助	玉之助
初日	1	2	2
2日〜15日	初日と同じ		

昭和18年5月と昭和19年春場所

	庄之助	伊之助	玉之助
初日	1	2	2
2日〜15日	初日と同じ		

昭和19年秋場所の取組表はない。
20年5月場所の取組表では行司名の記載なし。(〈注〉1、2、2だったはずである。)

昭和18年1月

	庄之助	伊之助	玉之助
初日	1	2	2
2日〜14日	初日と同じ		
15日	1	1	3

(玉之助は相模川と佐賀ノ花、双葉山と安芸ノ海〈是より三役〉名寄岩と出羽の海の3組を裁き、伊之助は豊島と前田山の1組を裁いている。玉之助と伊之助はそれぞれ2組を裁くのが普通だが、玉之助3組、伊之助1組となっている。15日は1、2、2の誤りかもしれない。取組表では1、1、3となっている。)

昭和20年秋場所

	庄之助	伊之助	玉之助
初日	1	2	2
2日〜10日	初日と同じ		

昭和22年秋場所

	庄之助	伊之助	玉之助
初日	1	2	2
2日〜12日	初日と同じ		

昭和23年10月〜24年1月

	庄之助	伊之助	玉之助
初日	1	2	2
2日〜11日	初日と同じ		

昭和24年5月

	庄之助	伊之助	玉之助
初日	1	2	欠
2日〜7日	初日と同じ		
8日	1	2	2
9日〜15日	8日目と同じ		

昭和25年1月〜26年1月

	庄之助	伊之助	玉之助
初日	1	2	2
2日〜15日	初日と同じ		

第5章　立行司の裁く番数

昭和26年5月

	庄之助	伊之助	玉之助	庄三郎
初日	1	2	2	欠
2日〜15日	初日と同じ			

26年5月に立行司（三番手）・玉之助は副立行司（筆頭）に降格し、三役行司（筆頭）・庄三郎は副立行司（二番手）に昇格した。しかし、庄三郎の名前は取組表にない。病床にいた（『軍配六十年』、p.85）。

昭和26年9月

	庄之助	伊之助	玉之助	正直
初日	1	2	欠	2
2日〜15日	初日と同じ			

18代伊之助が22代庄之助に昇格し、副立行司（二番手）・庄三郎が玉之助（筆頭）を飛び越えて19代伊之助に昇格した。三役行司（筆頭）・正直は副立行司（二番手）に昇格した。玉之助の名前は取組表にない。病気だったようだ。

昭和27年春場所（1月）と夏場所（5月）

	庄之助	伊之助	玉之助	正直
初日	1	欠	2	2
2日〜15日	初日と同じ			

玉之助と正直は1日交互に裁いている。伊之助の名前は春・夏場所とも取組表にない。病気だった。

『軍配六十年』では「27年1月場所から再び土俵に上がれるようになりました」（p.68）と書いてあるが、それは取組表と合致しない。

133

昭和27年9月～34年11月

	庄之助	伊之助	玉之助	正直
初日	1	1	2	2
2日～15日	初日と同じ			

伊之助は27年9月場所から34年11月場所まで1番のみ裁いている。また、玉之助と正直は1日交互に裁いている。

昭和35年1月～現在

	庄之助	伊之助
初日	1	1
2日～15日	初日と同じ	

35年1月場所から伊之助は2番裁いている。また、同じ場所から副立行司を廃止している。

昭和35年1月に行司の定年制（65歳）が実施されたため、上位行司5名が退職し、木村正直が木村庄之助（23代）、式守鬼一郎が式守伊之助（20代）に昇格した。

第6章　16代木村庄之助と木村松翁

1. 本章の目的

　本章の目的は2つある。1つは、明治42年（1909）以降の新聞記事を参照しながら、16代木村庄之助は年寄名跡としての木村松翁を襲名しなかったことを指摘することである[1]。当時の新聞記事を見ると16代庄之助に木村松翁を授与しようという動きが何度も繰り返されているが、最終的には襲名していない。その動きを新聞記事で見ていくが、その背景を把握するために資料記事をたくさん提示してある。

　明治33年1月に16代木村庄之助は木村松翁を襲名したという指摘があるが、本章ではその真偽についてはまったく触れていない。したがって、明治33年1月から明治42年までの間で16代庄之助が木村松翁を返上したのかどうかもまったく問題にしない。本章ではもっぱら明治42年以降の木村松翁の襲名についてだけを問題にする。

　もう1つの目的は、16代庄之助の行司歴で主なものをピックアップし、それを提示することである。幕下までの行司歴は資料が乏しいため、文献でも昇格の年月が一致しないことがしばしばある。しかし、その中のいずれかを採用し、異なる見方がある場合はできるだけそれも提示することにした。

　本章の末尾に資料として6代木村瀬平の行司歴を提示してある。16代庄之

---

1)　木村庄之助、式守伊之助、木村松翁はそれぞれ庄之助、伊之助、松翁と呼ぶこともある。同様に、木村瀬平も単に瀬平と呼ぶこともある。

135

助と6代木村瀬平は立行司をともに務めていた時期が一致するので、どうしても2人の立行司を対比することになる。瀬平は庄之助よりも約11歳も年上だったし、席順も上位にあったが、途中で庄之助より一枚下に据え置かれた。それは瀬平が行司をいったん辞し、後に行司に再復帰したからである。瀬平の人となりについては当時の新聞記事の中に散見されるが、その記事の題目だけを参考のためいくつか示してある。

2. 16代庄之助の体力が衰える

16代庄之助はもともと目と足に問題があり、そのために立行司になれないという話さえあった。これについては15代庄之助が明治30年（1897）9月に亡くなった後、次の庄之助に誰を推すかを木村家の中で話しているときに、少し話題になっている。

① 『読売新聞』（M30.9.24）の「相撲行司木村庄之助死す」
「さて、16代目木村庄之助は木村誠道襲うべきはずなるも、同人は身体いささか不具のところあれば、たぶん次席瀬平が一躍栄進すべしという」

相撲協会はそれを承知の上で首席の木村誠道を15代庄之助の後継者として決定した。16代庄之助は襲名後明治41年（1908）頃までは順調に立行司の役割を果たしていたが、42年頃から体力の衰えが目立つようになってきた。これは次の記事からも読み取れる。

② 『二六新聞』（M42.1.17）の「行司庄之助の代り」
「いよいよ留め相撲となって大湊対梅ケ谷の取組が出た。立行司木村庄之助が先ず名乗りを揚げたが時すでに5時10分、場面が暗くなって老体の庄之助には勤まりそうにない。目が見えぬのと足元の怪しいの

で、直ちに控えの木村進をして代勤せしめた。我慢をして失策するよりこのほうは余程よいと思われた」

③『二六新聞』（M42.1.18）の「蒟蒻行司」
「立行司木村庄之助は中風のため身体の揮うより蒟蒻行司の綽名あり。殊に土俵にて草履の抜けることしばしばなれば、横綱土俵入りの際は二字口の処に腰をかがめて土俵の中央に進まず、異例の団扇を引きいたりしが、本年は殊に身体の揮うこと甚だしく遂に昨日は土俵を勤めざりき。同人は年寄株を持ちいることなれば、病気を押して出勤するにも及ばぬことなり」

土俵上でも身体が震え、歩行が困難になっている。草履がときどき抜けている。

④『都新聞』（M42.6.6）の「夏場所大相撲（初日）〈ブル庄の狼狽〉」
「横綱格の立行司庄之助が結び相撲に登場したのはいいが、左草履が抜けてヨチヨチし右まで抜けてしまった。呼出しが両方から罷り出で一旦はかしたがまたも抜けて、さすがのブル庄も閉口したと見え、控え行司の進に代わってもらった。むしろ次から登場を見合わすほうがよかろう」

3. 16代庄之助は引退せず

当時、行司に定年制はなかったが、庄之助自身が引退の時期にきていることをさとり、自ら引退の決意をしている。

①『二六新聞』（M42.1.20）の「木村庄之助の引退」
「前号にも同人進退の件に付き記したるが、一作ある有力なる検査役

は語りて曰く『元来神聖を尊ぶ土俵上において庄之助のような病体の人に行司団扇をとらせるは、もっとも協会員の無責任として世上より非難を受くる問題にて何とも申し訳なきことなるが、個人としてはまた大いに同情を表せねばならぬことであります。しかし数十年行司の職を取り、立行司としてかくの如き病気のために、土俵が務まらぬとあっては他の行司に申し訳なきはもちろん、いかに情実に絡まされても相撲道の神聖はあくまでも保たねばならぬから、その情実外に忠告はせねばなりません。しかしこの場所は本人も非常に身体も疲れ、土俵が務まらぬとの話しで辞職を願って出ましたから、協会にてその意を了し（特に来年1月は同人の勧進元であるから）何とか協会にても事情を汲んで年功のため取り扱いをするつもりです。同人は別の年寄株が無いのですから気の毒です云々』」

　ついに、16代庄之助は明治42年（1909）1月頃、辞職を申し出ている。しかし、それは受理されなかった。受理をめぐって論議している間に、次席の立行司・伊之助が明治43年6月に急死したのである。そのため、庄之助の辞職も一時棚上げになった。庄之助の辞職を思い留まるようにする動きもあり、庄之助本人もしばらく立行司職を継続する決心をしている。庄之助は辞職したい気持ちがありながら、結果的には明治45年1月まで立行司として勤めている。辞められない理由の1つに経済的困窮があった。それを脱する方策として16代庄之助に年寄名跡として木村松翁を授与しようという動きが繰り返されている[2]。

4. 16代庄之助は木村松翁を襲名したか

　池田著『大相撲ものしり帖』の「行司・木村松翁とは？」（pp.194-5）によれば、16代庄之助は明治33年1月に年寄兼務として木村松翁の名を襲名している[3]。

第6章　16代木村庄之助と木村松翁

① 池田著『大相撲ものしり帖』(1990)
　　「13代庄之助弟子、明治31年1月誠道改め16代庄之助、33年1月年寄
　　兼務木村松翁襲名、現役中の45年1月没」

　16代庄之助が明治33年1月に年寄兼木村松翁を襲名したということだが、
それを裏づける根拠がないため、その真偽を確認する術がない[4]。しかし、
池田氏は確固とした根拠に基づいて書いているはずなので、それを事実とし

――――――――――――――

2)　この木村松翁は20代庄之助に授与されている名人称号の松翁とは別物である。木村
　　松翁は行司だけに授与される年寄名である。別名「隠居号」である。引退後に使用す
　　ることが多いが、実際は現役中でも使用することがある。その意味では「隠居号」は
　　適切な言葉ではない。15代庄之助は現役中も年寄・木村松翁を兼務している（『大相
　　撲人物大事典』の「行司の代々」、p.688）。江戸時代には引退後、再び現役に復帰し、
　　木村松翁という称号で番付にも記載されている。たとえば天保7年2月から同12年11
　　月までの番付には木村松翁の名が見られる。8代庄之助の木村松翁は吉田司家が授与
　　した称号である（吉田著『原点に還れ』、p.191）。つまり、20代庄之助に授与された
　　称号と同じということになる。本章では2とおりの「松翁」に関して深く立ち入らな
　　いが、もっと詳しく知りたければ、たとえば池田著『大相撲ものしり帖』(1990)の
　　「行司・木村松翁とは？」(pp.191-5)が参考になる。なお、『大相撲』(S55)の「22
　　代庄之助一代記(19)」(p.148)によると、昭和34年の九州場所の場所前、22代庄之
　　助に吉田司家から「松翁」を許す旨の通知があったが、協会側の同意が得られず実現
　　していない。この松翁は20代庄之助に授与された名誉号と同じものである。
3)　『二六新聞』(M45.1.7)の「16代目木村庄之助逝く」の記事によると、式守鬼一郎
　　を名乗っていたとき、4代目木村松翁を襲名するはずだったが、それを襲名すること
　　はなかった。明治33年1月以前にも年寄名としての松翁を襲名する話があったらしい。
4)　三木著『増補訂正日本角力史』(M42、pp.260-2)と『相撲史伝』(M34、pp.264-6)
　　には年寄名として木村（行司庄之助）、長浜（行司伊之助）とあるが、この木村は松
　　翁と同じではないはずだ。木村庄之助の地位につけば、同時に年寄になったものであ
　　る。長浜も伊之助の年寄名跡である。16代庄之助は明治31年1月に木村庄之助を襲
　　名しているので、その時点で年寄木村にもなっているはずである。33年に年寄名跡
　　木村松翁になっているなら、年寄名木村とは異なる年寄名を与えられているはずだ。
　　木村庄之助と同時に付随して松翁にもなるのであれば、16代庄之助は31年1月に木
　　村松翁になったことになる。改めて33年1月に松翁を襲名したという理由がはっきり
　　しない。なお、永浜とともに長浜が使用されることもある。

て受け入れることにする。ところが、明治43年頃の新聞記事によると、16代庄之助は木村松翁を保持していない。そうなると、少なくとも次の2つの見方をすることができる。

(1) 16代庄之助は明治33年1月に木村松翁を襲名したが、それを43年までの間に返上した。

(2) 16代庄之助はもともと明治33年1月に木村松翁を襲名していない。したがって、明治33年1月に木村松翁を襲名したというのは誤りである。

どちらが正しいのかはわからない。(1) の立場に立てば、明治43年までの間に16代庄之助は木村松翁の名跡を失っている。そうでなければ、明治43年頃に16代庄之助に木村松翁の名跡を授与しようという話題は出ないはずだ。これについては問題指摘だけにとどめておく。ここでは、16代庄之助と名跡木村松翁の関係を明治43年頃の新聞記事で見ていくことにする。

なお、参考までに記しておくと、松翁の名跡は木村庄之助に付随するものであり、他の名跡のように売買できないものである。

② 『都新聞』（M30.12.23）の「襲名の苦情」
「〔前略〕松翁の名は庄之助に付属せる年寄の名にして15代目も協会より免許されたる名義なれば、他の売買の出来うる年寄株とは性質を異にする〔後略〕」

明治30年の時点では、木村誠道は松翁を名乗っていない。それは次の記事で確認できる。

③ 『読売新聞』（M30.12.4）の「木村庄之助の候補者について」
「相撲行司故木村庄之助の候補者推薦について少しく紛議の起こりおる由〔中略〕誠道には特別の格式を与え、庄翁〔松翁と同じ〕と名乗

第6章　16代木村庄之助と木村松翁

らせ、瀬平をして16代目庄之助に進めたらんには風波も立たず円滑
に局を結ぶべしとのことなり。

　年寄名跡の木村松翁は立行司に付随するものだが、立行司を襲名するのと
同時にその木村松翁を襲名するわけでもないようである。その権利を取得す
るには、何らかの取り決めがあったに違いない。というのは、その権利を取
得する立行司もいたし、そうでない行司もいたからである。どのような取り
決めがあったのかは、残念ながらわからない。

　年寄名跡木村松翁の話題は16代庄之助の引退と深く関連している。16代
庄之助には明治42年1月頃に引退の話が1度出ていたが、43年に再び引退の
話が盛んになっている。

　④『都新聞』（M43.4.29）の「名門松翁の再興〈相撲立行司木村庄之助の
　　引退〉」
　　「横綱格日本唯一の名行司と呼ばれたる木村庄之助（62歳）は今度大
　　嶽、秀の山、立浪と共に国技館第一回の勧進元たる栄誉を担うと共に
　　老後の静安と後進の門を拓くべく、いよいよ勇退の覚悟をなし、この
　　場所限り土俵を退き、追っては華々しく引き相撲を催し花も実もある
　　52年間の最後を飾らんとの所存なるが如し」

引退が現実味を帯びてくると、松翁の称号を授与しようという話が出てく
る。

　⑤『都新聞』（M43.4.29）の「松翁とは何か」[5]
　　「松翁とは行司木村家の年寄名長浜は式守家の年寄名にて今より25年
　　前薬研堀庄之助が松翁と称し、相撲道の枢機に参与し、なかなかの識
　　見を有しいたるが、年寄の数88人と制限し庄之助、伊之助共に現役
　　のまま年寄に参入せしため[6]、松翁、長浜の両名家いずれも廃絶に帰
　　したるが、庄之助より引退と共に松翁の再興ありたき旨、申し出であ

141

りたるに付き、協会にても同人が多年の功労に酬いるため、今度いよいよ松翁、長浜を再興して90名となすこととほぼ決定し、この本場所中に庄之助が松翁を継ぐに至るべし」

ところが、年寄名跡を増やして16代庄之助に木村松翁の名跡を授与しようという話になっていたが、やはり経済的理由から庄之助は引退を思いとどまっている。

　⑥　『読売新聞』（M43.7.8）の「庄之助引退せず」
　　　「立行司木村庄之助は本年夏場所の勧進元を名残りに引退するはずなりしも、同人は有名なる貧乏にて、引退すればその日の生活にも困惑する始末に、同人の引退は今一場所延期され、来春は庄之助及び伊之助（故人）の名義をそのまま番付に載せ、来夏、庄三郎、進が両立行司の後を襲うに至るべく、それと同時に88人定員の年寄数を2名増員し、庄之助引退名松翁と伊之助引退名永浜鬼一郎とを再興し、永浜は欠員のままに置き、まず庄之助が松翁を襲名すべしと」

---

5)　この記事の前半部分をほとんど理解していないが、参考のためにそのまま提示することにした。松翁と長浜は一時廃止しているが、それを再び復活しようということらしい。正確な意味を理解するにはもう少し予備知識が必要かもしれない。今のところ、それが不足していることを正直に認める。

6)　大橋編『相撲と芝居』（M33）の「現在の相撲協会員」（pp.84-7）と三木著『相撲史伝』（M34、pp.264-6）／『増補訂正日本角力史』（M42、pp.260-2）によれば、年寄名跡88名の中に木村（庄之助も名跡）と永浜（伊之助／与太夫の名跡）はあるが松翁はない。年寄名跡木村は松翁とはやはり別の名跡である。すなわち、34年の時点では松翁は木村庄之助に付随するものではなく、新たに授与するものということになる。なお、山田編『相撲大全』（M34）の「年寄株の組織」（pp.36-41）や鎗田著『日本相撲伝』（M35）の「相撲年寄の名跡」（pp.57-60）にも88名の名跡リストが記されている。この名跡88名は明治22年の改正申合規則の第47条で明記されている。名跡が105名になったのは東京相撲の協会と大阪相撲の協会が合併した昭和2年である。

第6章　16代木村庄之助と木村松翁

16代庄之助はまだ引退しないので、木村松翁を正式に襲名していない。当時の横綱2人も16代庄之助がしばらく行司職を続けるように後押ししている。

⑦『都新聞』（M44.1.9）の「相撲だより〈伊之助の候補者〉」
「故式守伊之助の候補者に木村進がなるともっぱら評判されたが最近、庄之助が松翁を許さるるにしても是非今しばらく土俵を勤めさせたいと両横綱から提議があったため、本人も剃髪したに拘わらず、ともかくこの場所だけ庄之助名義を持って勤めることになり、したがって庄之助の跡取り庄之助は順押しに伊之助が襲名し、進が庄三郎になることに確定した。いずれ本場所打ち上げ後公にせらるるであろう」

16代庄之助は勧進元を勤めた後で引退するつもりだったはずだが、病気で急に亡くなり、木村松翁の襲名ばなしも自然に立ち消えとなっている。

⑧『都新聞』（M45.1.7）の「立行司庄之助死す」
「〔前略〕31年遂に横綱格に上り、爾来って行司筆頭横綱格をもって許され、国技館開館後松翁の名を復活して彼の老後を安からしめんとの議起こりしも梅・常陸両横綱より当分勤務ありたしと切望せられ、昨春遂に破天荒なる土俵上の床机をさえ許さるるに至りしは無上の光栄と言うべし。ただしこれがために自然松翁問題も立ち消えとなりしが、本人は両横綱の勧告を非常に喜び、昨年の夏稼業には梅ケ谷に付き添い険難を犯して無事12月27日一同と共に帰京したり〔後略〕」

これらの記事からもわかるように、16代庄之助に木村松翁を授与する段階まで話が進んでいたが、結局、最終的には襲名していない。これが事実なら、次のことが言える。

⑨ 16代庄之助が明治33年1月に襲名した年寄名跡木村松翁は明治43年

143

までの間で返上されたが、その後再びそれを襲名することはなかった。

これと関連して、つぎのような問題が出てくる。

　⑩ 16代庄之助は明治33年1月から明治43年4月の間でいつ木村松翁の
　　名跡を返上したのだろうか。

これについては疑問を呈することはできるが、それに対する答えがまった
くない。もう1つ、大きな問題がある。

　⑪ 16代庄之助が明治33年1月に木村松翁の名跡を襲名したのは本当だ
　　ろうか。

　本書では、これまでこれを一応正しい指摘だと受け入れてきたが、実はそ
の真偽はわからないというのが真実である。どちらが正しいにしても、それ
を裏づける根拠がない。さらに、本書ではその解明を目的としていない。こ
れを解明するには、今後の研究を俟つことにする。
　また、本章ではまったく触れなかった問題がある。すなわち、木村松翁と
いう名跡はどういう基準で立行司の木村庄之助に許されたのだろうか。木村
庄之助になった行司全員がその名跡を襲名したわけでもない。池田著『大相
撲ものしり帖』の「行司・木村松翁とは？」（pp.191-5）によれば、「松翁」
の名跡を襲名したのは8代、13代、15代、16代木村庄之助の4人だけであ
る[7]。他の行司はおそらく襲名していないはずだ。なぜだろうか。これにつ
いてもやはり調べる必要がある。今後の研究を俟つほかない。

---

7)　20代庄之助も「松翁」を授与されているが、これは名誉称号なので木村松翁と区別
　　している。

第6章　16代木村庄之助と木村松翁

5. 16代庄之助の行司歴[8]

(1) 嘉永2年（1849）11月、愛知県三河国渥美郡豊橋船町（現在の豊橋市船町）生まれ（『読売』（M30.12.18）の「16代目庄之助の履歴」）。本名・柘新助。

(2) 安政6年（1859）、11歳のとき、年寄清見潟又市に取り立てられ、13代木村庄之助の門人となる。のちに初代高砂の弟子となる。

(3) 元治元年（1864）4月、木村新介として番付に載る。
　『相撲新書』（p.88）に文久3年冬、木村新助と名乗るとあるが、番付には記載がない。しかし、回向院本場所の土俵には上っているらしい（『土俵錦』（第30号）の森国弘筆「16代木村庄之助」、pp.9-19）。

(4) 明治4年（1871）11月
　(a) 幕下格・足袋格（現・十両）に昇格した（『読売新聞』（M30.12.18）の「16代目庄之助の履歴」）。
　(b) 新介から竜五郎として改名した。
　(c) 房色は青白になった（『東京日日新聞』（M45.1.7）の「木村庄之助逝く」）。

(5) 明治6年11月
　(a) 高砂改正組に参加。東京相撲を離脱した。
　(b) 改正組の立行司となる（『読売新聞』（M30.12.18）の「16代目庄之助の履歴」）。
　　立行司だったが、房が何色だったかは不明。

(6) 明治7年夏頃、改正組にいたとき吉田誠道に改名[9]。

(7) 明治11年6月、東京相撲に復帰した。「別番付」に木村誠道として記

---

8)　江戸末期と明治初期の番付表は相撲博物館にお世話になった。改めて感謝の意を表する。

145

載[10]。

(8)　明治12年1月、本場所の番付では幕内格として記載。

　　当時の同輩より2、3枚上に優遇されている。

(9)　明治20年（1887）1月、1月場所中（4日目）に式守鬼一郎と改名[11]。

　　番付に式守鬼一郎として記載されたのは5月。同時に年寄式守秀五郎を襲名する。いわゆる二枚鑑札である。

　　7代式守伊之助の年寄名跡式守秀五郎（2代目）の相続人となる。2代目式守秀五郎は16年8月に死亡し、その未亡人の養子になった[12]。本名も大家新助となる。大家は7代式守伊之助の苗字である。しかし、22年3月に養子縁組を解消し、元の柏新助になる。

(10)明治22年5月、式守鬼一郎から木村誠道に戻る。式守秀五郎の年寄名跡を返上する。

(11)明治29年3月、草履の免許（『相撲新書』、p.88）[13]。

---

9)　改名の正確な時期は必ずしも定かでない。吉田姓や誠道という名の由来については新聞や本などでエピソードとして記されている（たとえば『東京日日新聞』（M45.1.15）の「明治相撲史」）。高砂の改正組と行動を共にしていた時は基本的に木村姓を使用していない。木村姓の行司からクレームがつかないように吉田として改姓したらしい。

10)　誠道の由来については、たとえば『時事新報』（M45.1.7）の「誠道の名」に述べられている。16代木村庄之助自身が語ったかどうかは不明。

11)　これは、たとえば『読売新聞』（M20.1.30）の「行司改名」でも確認できる。

12)　『東京日日新聞』（M45.1.15）の「明治相撲史」に「18年中、式守鬼一郎の名跡を継続する」とあり、また『読売新聞』（M30.12.18）の「16代目庄之助の履歴」には「明治18年中、一旦式守鬼一郎の名跡を継続し、緋房（軍団扇の紐）を許されしが、21年中、都合ありて誠道の旧名に復し」とある。これは経緯に言及しているかもしれない。相撲協会へ改名の手続きをしたのは20年1月である。

13)　『読売』（M30.12.18）の「16代目庄之助の履歴」には「明治28年5月に草履免許」とあるが、これは29年5月のミスかもしれない。また、草履の免許と同時に木剣も許されたとある（『相撲新書』、p.88）が、免許に木剣のことが記されていたかどうかは不明である。16代庄之助は31年1月に番付上も立行司となるが、それ以前にも帯刀していたかどうかもはっきりしない。当時、帯刀は立行司に許された特権だったはずなので、31年以前は帯刀していなかったと推測している。

第6章　16代木村庄之助と木村松翁

これは九州地方巡業の際、吉田司家より許可されたものである（『読売新聞』（M29.5.24）の「行司木村瀬平大いに苦情を鳴らす」）。本場所では夏場所（5月）である（『読売新聞』（M30.2.15）の「木村瀬平の土俵上麻上下及び木刀帯用の事」）。

(12)明治30年12月、木村庄之助を襲名。

これは『読売新聞』（M30.12.18）の「16代目庄之助の履歴」や『読売新聞』（M30.12.26）の「16代目木村庄之助の免許」）などで確認できる。後者には、16代庄之助襲名の請願書と吉田追風の返事の文面が掲載されている。

(13)明治31年1月、番付で16代木村庄之助となる。

　(a) 3月には熊本で（熨斗目）麻上下、木剣、紫房を許される（『相撲新書』、p.88）。

　(b) 4月1日付の免許の写しが『東京日日新聞』（M45.1.15）の「明治相撲史」に掲載されている。これには「紫白打交」とある。白糸の割合はわからないが、後の「准紫」より少なかったに違いない。最初は「紫白打交」であり、後に「准紫」が授与されたことになる。免許状には房色とともに装束「熨斗目麻上下」の記述もある。免許状には帯刀のことは記述されていない。

(14)明治32年5月、紫房の使用（『報知新聞』（M32.5.18））。

この紫は「准紫」のことかもしれない。

(15)明治43年4月、年寄松翁（長浜）を継ぐ話があったらしい（『都新聞』（M43.4.29））。

実際に「年寄松翁」になったかどうかは不明。

(16)明治44年2月、床几御免。

これは『読売新聞』（M44.2.5）の「初日雑感〈土俵入りと床几御免〉」や『二六新聞』（M45.1.7）の「16代目木村庄之助逝く」で確認できる。協会は特に16代庄之助に土俵上の床几を許した。中風のため、足が不自由になっていた。床几での顔触れは初めてである。

(17)明治45年（1912）1月6日死去。

147

【資料】6代木村瀬平の行司歴

　16代木村庄之助と6代木村瀬平は同じ立行司としてよく対比されるので、参考のために6代木村瀬平の行司歴を示しておく。

(1) 天保8年（1837）、下総国岡田郡法恩寺村（のちに豊岡村）（現在の茨城県水海道市豊岡町）に生まれる。幼名は柴崎留吉。

(2) 嘉永2年（1849）、12代木村庄之助（嘉永6年2月に引退）の門弟となる（『木村瀬平』、p.2）。のちに13代庄之助（嘉永6年11月に襲名）の指導を受ける。

(3) 嘉永3年（1850）11月、留吉として番付に記載される。

(4) 嘉永5年2月、庄五として番付に記載される。
　　同年11月には庄吾に改名する。

(5) 安政5年（1858）1月、庄五として番付に載る[14]。

(6) 安政7年2月、庄吾から庄五郎に改名し、番付に再登場する。

(7) 慶応元年（1865）11月、紅白紐（『時事新報』（M38.2.6）の「故木村瀬平の経歴」）[15]。

(8) 慶応4年5月、再び土俵に復帰した[16]。

(9) 明治15年（1882）7月、紅紐（『時事新報』（M38.2.6）の「故木村瀬平の経歴」）[17]。幕内格となる。

---

14) 安政2年2月から同6年11月の間、番付で確認できるのはこの場所だけである。脱走癖があったので、脱走していたかもしれない（『木村瀬平』（pp.3-4））。

15) 紅白房以前に「青白房」が授与されているはずだが、その青白房がいつ授与されたかはまだ確認していない。木村瀬平が紅白房を慶応元年に授与されていることから、それ以前は青白房だったはずだ。なお、紅白や青白の房色がいつ頃から現れたかを調べているが、残念ながらまったくわからない。紅白房を描いた錦絵は2、3点確認できるが、幕末か明治初期のものばかりである。青白房となると、江戸時代の錦絵でそれを確認できるのは絶望的だと言ってよいかもしれない。

16) 復帰に際しては、境川浪右衛門（大関）や玉垣額之助の仲裁があった。これがご縁で、所属が玉垣に移籍している（『木村瀬平』、p.4）。

第6章　16代木村庄之助と木村松翁

(10) 明治17年春、年寄り木村瀬平の名跡を継ぎ、土俵では木村庄五郎を名乗る。いわゆる二枚鑑札となる。

(11) 明治18年7月、上草履（『時事新報』（M38.2.6）の「故木村瀬平の経歴」）。三役格となる。

(12) 明治24年1月、庄五郎から瀬平に改名し、年寄名跡と同じになる。

(13) 明治26年1月、行司を辞し、年寄専務となる。26年5月の番付から消える[18]。

(14) 明治28年1月、木村瀬平の名で行司を再勤する[19]。

　(a) 以前に免許されていた草履は剥奪される（『読売』（M29.2.13）の「木村庄五郎の草履」）。

　(b) 席順は規則により誠道の次となる。

(15) 明治29年6月、再び上草履を免許される（『時事新報』（M38.2.6）の「故木村瀬平の経歴」／『読売新聞』（M29.5.24））[20]。

(16) 明治32年3月、紫房免許（『読売新聞』（M32.3.16）の「木村瀬平紫房を免許せらる」）[21]。

(17) 明治34年4月、一代限り熨斗目麻上下、紫白紐、上草履の免許（『読

---

17) 『角力新報』の「行司木村瀬平の軍配に就いて」（M31.8, p.57）によると、紅紐は天覧相撲の際に授与されている。しかし、その2年前には授与されていたという文献もある。どちらが真実に近いかは定かでない。

18) 『木村瀬平』（M31）に「27年の春、一旦行司役を辞し、年寄専務となりし〔後略〕」（p.4）とあるが、27年春は勘違いによる誤りかもしれない。

19) 好角家や同業者から再勤の薦めがあったという記述がある（『木村瀬平』、p.5）。当時は行司をいったん辞めても再勤できたが、一定の格下げが行われたらしい。再勤に関しては「東京大角觝協会申合規約」の第45条が適用されたのかもしれない。45条の規定には「行司にして其の師匠と熟議の上廃業したる者再勤を乞うときは、廃業の日より一場所を超える毎に席順を二枚ずつ相降すものとす」となっている（たとえば加藤著『明治時代の大相撲』（S17, p.257））。実際にどの規則が適用されたかは不明である。当時の規約によると、行司を辞めた後でも、再勤を認めている。

20) 『木村瀬平』には「29年、相撲司より麻上下熨斗目織りの衣服、木剣、上草履等の免許を得たり」（p.5）とあるが、これが正しいのかどうかは不明である。29年には立行司になっていない。

149

売新聞』（M34.4.8）の「木村瀬平以下行司の名誉」）[22]。

この紫白紐は准紫のことかもしれない。なぜならすでに32年3月に紫白房が許されているからである。

(18) 明治38年（1905）2月5日死去。

瀬平は庄之助より先に入門しただけでなく、約11歳年上であった。いったん行司を辞めて年寄になったが、心変わりして行司に復帰した。復帰はしたものの席順は規則により庄之助より一枚下に据え置かれた。また、瀬平は脱走癖があり、酒癖も悪く、自己主張が強く、頑固でもあった。行司仲間からも敬遠されていたようだ。瀬平のこのような特異な言動については当時の新聞記事の中で散発的に言及されている。そのいくつかを示しておく。

① 『読売新聞』（M29.2.13）の「木村庄五郎の草履」
② 『読売新聞』（M29.5.24）の「行司木村瀬平大いに苦情を鳴らす」
③ 『読売新聞』（M30.2.15）の「木村瀬平の土俵上麻上下及び木刀帯用の事」
④ 『萬朝報』（M30.9.24）の「15代目木村庄之助死す」
⑤ 『時事新報』（M38.2.6）の「故木村瀬平の経歴」
⑥ 『都新聞』（M38.2.6）の「木村瀬平死す」
⑦ 『読売新聞』（M38.2.6）の「行司木村瀬平死す」

木村瀬平の人となりに関心があれば、これらの記事が参考になる。また、瀬平が苦情を申し立てたり、自己弁護の主張をしたりするのを読むと、当時

21）『都新聞』（M38.2.6）の「木村瀬平死す」では、木村瀬平は明治31年に紫房を許されたと記されている。これは正しくない。これは、たとえば『角力新報』（M31.8）の「行司木村瀬平の軍配に就いて」（pp.57-8）でも確認できる。木村瀬平の紫房年月を巡ってはときどき異なる記述が見られるが、32年3月に正式に授与されている。

22）34年4月に授与された免許に関しては、拙著『大相撲行司の軍配と空位』（H29）の第5章「立行司の空位」に詳しく扱っている。

第6章　16代木村庄之助と木村松翁

の行司の慣習や伝統に対して瀬平が異なる意見を持っていることを知ること
ができる。たとえば、そのいくつかを示す。

『読売新聞』（M29.5.24）の記事によると、木村誠道が草履免許を吉田司家
から授与された後で、草履使用の願い書を協会に提出している[23]。そのよ
うな手続きが当時当たり前だったのだろうか。すなわち、行司が事前に吉田
司家と免許を受け、その後で草履や房色の使用許可を改めて受けるという手
続きがあったのだろうか。

『読売新聞』（M30.2.15）によれば瀬平は草履を許されると、帯刀も自動的
に許されると主張しているが、それは正しいのだろうか[24]。明治30年頃ま
ではそういう慣習があったのだろうか。協会が瀬平の言い分に納得していた
かは別として、瀬平の帯刀を黙認している。帯刀をめぐって意見の対立があ
るが、どれが当時のしきたりに合致しているだろうか。吟味する必要があ
る。

『時事新報』（M38.2.6）によると、瀬平は明治34年4月に紫白紐（紫白房）
を授与されている。しかし、瀬平は明治32年3月にも紫白房を許されてい
る。瀬平は二度にわたって紫白房を許されたことになる。これは何を意味す
るのだろうか。34年4月の免許は明治32年3月に許された房色をただ再確認
しただけなのだろうか。もう一度、それを吟味する必要がある。

このように、瀬平の特有の性格を匂わす記事の中にも当時の行司のしきた
りに関する異なる意見が散見される。そういう意味で、瀬平の言い分は独断

---

23)　明治期の行司免許は必ずしも協会と吉田司家の間で手続きをするのではなく、行司
　　が直接吉田司家と事前に相談し、後に協会に願い出たというようなケースもあった
　　らしい。そうと取れるような新聞記事がときどき見られる。免許の授与に関し協会
　　と吉田司家との間だけで交渉が行われていたのか、また行司が協会に免許を願い出
　　る前に吉田司家と事前に交渉するということがあったのかどうかを調べてみる必要
　　がある。これに関しては、問題提起をするだけにとどめておきたい。

24)　立行司と帯刀に関しては、拙著『大相撲行司の軍配房と土俵』（H24）の第5章「草
　　履の朱房行司と無草履の朱房行司」の中で詳しく扱っている。明治30年頃には、草
　　履を許されると同時に帯刀もできるという伝統はなくなっていたはずだ。

151

的な主張だと断言するのではなく、背景に伝統を踏まえた主張をしていたのではないかと考えることも大切である。ただその主張が当時の伝統に合致したものかどうかは再吟味しなければならない。伝統はいつまでも同じ状態で続くのではなく、時の経過とともに少しずつ変化していくものだからである。

第7章　行司の現況

1.　本章の目的

本章の目的は、平成29年（2017）1月の現役行司に関連ある話題をいくつか取り上げて、それを詳しく提示することである[1]。このような資料は現時点では珍しいものではないが、時間が経過すると意外と入手しにくいものとなる。特に人事に関わることはその傾向が強い。

本章で取り上げる話題は6つほどである。それを次にあげる。

(1)　行司一覧表
(2)　付き人表
(3)　本場所の役割分担表（割場、放送、星取り、儀典、監督、委員）
(4)　番付書き（3名）
(5)　改名した行司（8名、平成23年（2011）以降）[2]
(6)　軍配（呼び上げのときの握り方、ひょうたん形、軍配房の黒色）

---

1)　本章の内容は、執筆時の平成29年（2017）年1月時点のことを記してある。ただし、本書出版までのその後の動きについても触れていることもある。

2)　平成24年（2012）以前に改名した行司については拙著『大相撲行司の軍配房と土俵』（H24）の第6章「行司の木村姓と式守姓の名乗り」と第7章「行司の改名に関する研究」でも扱っている。平成24年以前に改名した行司についてはこれまで拙著や拙稿でいくらか触れているので、本章では平成25年（2013）後に改名した行司を取り上げることにした。

153

(7) 本場所以外の仕事

　特に付き人表（または付け人表）と仕事の分担表はなかなか表に出ないものである。これらの表は本場所ごとに行司部屋の掲示板に張り出されている。付き人表は付き人と兄弟子との関係を知るうえで重要だが、よく調べてみると以前ほどその関係は深くない。番付書きは掲示板に掲示されていないので、誰が番付の書き手であるかを知るには行司に直接尋ねる必要がある。軍配の握り方、形、房色を知るには、行司の作法や軍配そのものを注意深く観察すればよい。また行司にじかに確認するという方法もある。

2. 行司一覧表

　この行司一覧表は平成29年1月場所のものである。

階級	名前	所属部屋	備考
立行司（1名）	式守伊之助（40代）	宮城野	
三役行司（4名）	式守勘太夫（11代）	高田川	
	木村玉治郎（6代）	立浪	
	木村容堂（3代）	九重	
	木村庄太郎（15代）	春日野	
幕内行司（8名）	木村晃之助	九重	
	木村寿之助	友綱	（←大島）
	式守与之吉（10代）	追手風[3]	（宮城野←中川←追手風←春日山←高島←伊勢ケ浜）
	木村基樹	湊	
	木村秋治郎	春日野	（←三保ヶ関）
	式守錦太夫（12代）	二所ノ関	（←松ケ根←二所ノ関）
	木村銀治郎（3代）	峰崎	

第7章　行司の現況

	木村要之助（2代）	東関	
十両行司（10名）	式守鬼一郎（6代）	追手風	（←桐山←大鳴門）
	木村朝之助（4代）	高砂	（←若松）
	木村隆男	田子ノ浦	（←鳴戸）
	木村光之助（3代）	峰崎	（←花籠）
	木村行宏	玉ノ井	
	木村慎之介（5代）	二所ノ関	（←松ケ根←片男波）
	木村吉二郎	芝田山	（←放駒）
	木村勘九郎	山響	（←北の湖）
	木村千鷲	出羽海	
	木村善之輔（5代）	春日野	
幕下行司（7名）	木村亮輔	八角	（←中村）
	木村秀朗	千賀ノ浦	（←春日野）
	式守一輝	荒汐	
	木村悟志	高砂	
	木村隆之助	田子ノ浦	（←鳴戸）
	式守友和	友綱	
	式守輝之典	佐渡ケ嶽	
三段目行司（3名）	式守志豊	佐渡ケ嶽	
	木村一馬	峰崎	（←花籠）

3）　平成29年1月26日付けで、元旭里の中川親方が追手風部屋から独立し、旧春日山部
　　屋を引く継ぐ形で中川部屋を再興したので、式守与之吉は追手風部屋から中川部屋に
　　移籍した。さらに平成29年4月17日付けで、式守与之吉は中川部屋から宮城野部屋
　　へ変更になった。本家の追手風部屋が伊勢ケ浜一門から時津風一門に移ったため、旧
　　師匠の高島親方（元関脇・高望山）と式守与之吉が伊勢ケ浜一門の宮城野部屋に移っ
　　た。所属する相撲部屋が変わったりすると、同時に師匠と仰ぐ親方が他の相撲部屋へ
　　移動することがある。師匠が変われば、師匠とともに行司も移籍することがある。中
　　川部屋の設立に関しては、たとえば月刊誌『相撲』（H29.3）の「相撲部屋聞き書き
　　帖〈時津風一門・中川部屋〉」（p.80）の記事がある。

	木村豊彦	立浪	
序二段行司（3名）	木村昌稔	千賀ノ浦	
	木村錦太郎	錦戸	
	木村宋一郎	山響	（←北の湖）
序ノ口行司（5名）	式守正一郎	伊勢ケ浜	
	木村桜之助	式秀	
	式守誠輔	宮城野	
	式守辰之助	高田川	
	式守海之助	伊勢ノ海	

3. 付き人表

この付き人表は平成29年1月場所のものである。

伊之助（宮城野、伊勢ケ浜）[4]　　一馬（峰崎、二所ノ関）／正一郎（伊勢ケ
　　　　　　　　　　　　　　　　　浜、伊勢ケ浜）

勘太夫（高田川、二所ノ関）　　　辰之助（高田川、二所ノ関）

玉治郎（立浪、貴ノ花）　　　　　豊彦（立浪、貴ノ花）

容堂（九重、高砂）　　　　　　　錦太郎（錦戸、高砂）

庄太郎（春日野、出羽海）　　　　桜之助（式秀、出羽海）

晃之助（九重、高砂）　　　　　　志豊（佐渡ヶ嶽、二所ノ関）

寿之助（友綱、伊勢ケ浜）　　　　誠輔（宮城野、伊勢ケ浜）

与之吉（追手風、時津風）　　　　海之助（伊勢ノ海、時津風）

基樹（湊、時津風）　　　　　　　錦太郎（錦戸、高砂）

秋治郎（春日野、出羽海）　　　　宗一郎（山響、出羽海）

錦太夫（二所ノ関、二所ノ関）　　辰之助（高田川、二所ノ関）

---

4)　かっこの中には最初に所属する相撲部屋、2番目に一門をそれぞれ記してある。

第7章　行司の現況

銀治郎（峰崎、二所ノ関）	誠輔（宮城野、伊勢ケ浜）
要之助（東関、高砂）	海之助（伊勢ノ海、時津風）
鬼一郎（追手風、時津風）	宗一郎（山響、出羽海）
朝之助（高砂、高砂）	錦太郎（錦戸、高砂）
隆男（田子ノ浦、二所ノ関）	辰之助（高田川、二所ノ関）
光之助（峰崎、二所ノ関）	豊彦（立浪、貴ノ花）
行宏（玉ノ井、出羽海）	桜之助（式秀、出羽海）
慎之助（二所ノ関、二所ノ関）	誠輔（宮城野、伊勢ケ浜）
吉二郎（芝田山、二所ノ関）	海之助（伊勢ノ海、時津風）
勘九郎（山響、出羽海）	宗一郎（山響、出羽海）
千鷲（出羽海、出羽海）	正一郎（伊勢ケ浜、伊勢ケ浜）
善之輔（春日野、出羽海）	桜之助（式秀、出羽海）

　幕下行司は付き人にはならない。三段目以下の行司が付き人となる。付き
人は基本的に同部屋の兄弟子を第一にし、次に同一門の兄弟子を考慮する。
有資格者と三段目行司との人数の関係で、同一門外でも兄弟子の付き人にな
ることがある。1人の行司が2人の兄弟子の付き人にもなる。場所中の付き
人表は通常、行司部屋の掲示板に張り出されている。平成29年1月場所の付
人表を参考までに示す。

一月場所 付人

伊之助 一馬／正一郎	勘太夫 辰之助	玉治郎 豊彦	容堂 錦太郎	庄太郎 桜乃助	晃之助 志豊	寿之介 誠輔	
与之吉 海之助	元基 錦太郎	秋治郎 宗一郎	錦太夫 辰之助	銀治郎 誠輔	要之助 海之助	鬼一郎 宗一郎	朝之助 錦太郎
隆男 辰之助	光之助 豊彦	行宏 桜乃助	慎之助 誠輔	吉二郎 海之助	勘九郎 宗一郎	千鷲 正一郎	善之輔 桜乃助

平成29年1月場所の付き人表

4. 本場所の役割分担表

　本場所では行司は手分けして仕事をしている[5]。その役割分担表が行司部屋の掲示板に貼ってある。それを参考のため示す。

　それぞれの仕事と行司名が示されているが、ここでは、どういう仕事があるかけを示すことに留める。行司名は一定の期間を経ると変化するが、仕事の内容は変化しないのが普通である。放送係の仕事は館内でもわかるが、それ以外の仕事は観客からあまり見えないところで行われている[6]。

---

[5]　仕事の内容に関しては相撲部屋で何人かの行司に尋ねたり、実際の仕事ぶりなどを見たりして、それをまとめてある。仕事の内容をすべて記してはいないかもしれないが、大体の内容は記してあるつもりだ。

[6]　行司の仕事については、たとえば拙著『大相撲行司の世界』（H23）でも詳しく扱っている。

第7章 行司の現況

平成29年度1月場所の役割分担表

- **割場** 審判部の番付編成会議で決まった取組を校正し、記録する。「巻き」と呼ばれるものに勝負づけを記録する。すなわち、勝負の記録等を行う。立行司、監督、場内放送係以外のものが担当する。
- **放送** 土俵入りの力士紹介や検証、決まり手、館内の注意事項、観客の呼出しなど、場内放送のすべてを担当する。6、7名がチームになって行う。
- **星取り** 取組表と裏の星取表を作成し、その読み合わせをする。それに加え、全力士の星取りも作成し記録する。
- **儀典** 儀式典礼係の略。主に土俵祭りの担当をする。土俵祭りの司会を務めることもある。常に設けてある係ではなく、必要なときに設けられる[7]。
- **監督** 具体的には次のようなことを行う[8]。
  - 新弟子行司（入門1年くらい）が取組を裁く際の作法を指導する。
  - 行司の仕事の役割を決める。
  - 土俵入りを先導する行司の順番を決める。

---

7) 以前は29代伊之助（池田氏）が三役のときに務めていたことがある。

159

- ・行司の仕事上の出来事を記録する。
- ・場所ごとの行司の席順や状況を記録する。これは「行司名鑑」として残っている。
- ・立行司が差し違えをしたとき、立行司と一緒に理事長室に行き謝罪する。
- ・巡業手当や装束補助費など手当支給の窓口となる。
- ・行司総会での司会役を務める。
- ・土俵祭の司会は普通、年長の監督が務めるが、儀典係が臨時に務めることもある。
- ・その他、こまごまとした事務的雑務を行う。
- ・**委員**　行司界の組織運営や行司部屋に関連することなどを立行司、監督とともに協議する[9]。

　それぞれの仕事は精通している人とそうでない人がともに仕事をしているのが普通である。そうすることによって、次の人にその仕事は受け継がれていく仕組みになっている。参考までに、平成22年以降の監督を示す。

- ・**平成22年以降の行司監督**
  - (1) 平成22年9月〜23年1月　　　玉光、庄太郎、元基
  - (2) 平成24年7月〜24年11月　　　錦太夫、庄太郎、元基
    （玉光が病気のため全休したので、その代行として錦太夫）
  - (3) 平成25年1月〜26年11月　　　玉光、庄太郎、元基

---

8)　委員は3人で、任期は2年。三段目行司以上が無記名投票で選出する。上位3名が監督となるので、三役、幕内、十両という階級からそれぞれ1人が選ばれるわけではない。現在、2人の監督は幕内である。29代庄之助によると、以前は、三役1人、幕内1人、十両1人となっていた。しかし、現在は必ずしもそれに従っていない。3人はともに「行司監督」または単に「監督」と呼ばれている。3人を個々に区別する名称はないようだ。

9)　委員は5人で、任期は2年。行司会で選挙により選出する。

第7章　行司の現況

(4) 平成27年1月～27年9月　　　恵之助、庄太郎、元基
(5) 平成28年1月～　　　　　　　庄太郎、元基、要之助

　行司部屋に行くと、正面入り口に向かって奥の方に行司監督が3人座っている。そのため、誰が行司監督かはすぐわかる。

5.　番付書き

　現在の番付の書き手は主任が3代木村容堂で[10]、助手が要之助、補佐役が木村勘九郎である。容堂（3代）は2代容堂（のちの30代庄之助）が主任の頃から補佐役として、また10代式守勘太夫（のちの36代庄之助）が主任の頃は助手として番付を書いている[11]。
　参考までに、戦後の番付書きを記しておく[12]。

(1) 5代式守鬼一郎（のちの24代木村庄之助）[13]
　　・昭和20年（1945）5月場所～昭和26年（1951）9月場所[14]。
　　・式守伊三郎（初代）の頃から書いていた。
　　・助手や補佐役はいなかった[15]。

---

10)　現在の3代木村容堂は平成19年九州場所から番付の主任として書いている。本書では書き手の責任者を便宜的に「主任」と呼んでいるが、実際は単に「番付書き」とか「（番付の）書き手」と呼ぶことが多い。

11)　番付書きについては36代木村庄之助著『大相撲　行司さんのちょっといい話』(H26)の第3章「相撲字の世界」に詳しい説明がある。36代庄之助自身が長い間番付を書いていたので、その説明はかなり具体的である。

12)　戦後の番付書きについては29代庄之助、30代庄之助、36代庄之助に直接お話を聞いてまとめたが、36代木村庄之助著『大相撲　行司さんのちょっといい話』(pp.103-4)や橘著『図説　江戸文字入門』(H20)の「行司の活躍」(p.53)にも番付書きとその年月などが書かれている。

（2）5代式守勘太夫（最高位は三役行司）

　　　・昭和27年（1952）1月場所〜昭和41年（1966）9月場所。

　　　・昭和33年（1958）3月場所後に行司（三役格）を引退し、年寄専務
　　　　（6代鏡山）となった[16]。行司は辞めたが、勘太夫（5代）として定
　　　　年退職するまで番付を書いた[17]。

　　　・助手や補佐役はいなかった。

（3）10代式守与太夫

　　　・昭和41年（1966）11月場所〜昭和57年（1982）9月場所。

---

13)　昭和24年1月に式守伊三郎から式守鬼一郎に改名している。この伊三郎は昭和20年
　　　5月から番付を書き始めているが、正式に取締会で認められたのは21年11月である
　　　（『大相撲』（S39.7）の「行司生活五十五年〈24代木村庄之助〉」p.49）。24代木村庄
　　　之助が言っているように、このときから番付は現役行司が書くようになった。印刷
　　　が版元の根岸家から協会に変わったのも昭和21年11月である。
14)　橘著『図説　江戸文字入門』（河出書房新社、p.53）によれば、式守伊三郎（後の24
　　　代庄之助）は昭和20年5月から番付を書き始めている。『国技相撲のすべて』
　　　（S49.1、p.84）には、20代庄之助が昭和19年から番付を書いているとあるが、これ
　　　は24代木村庄之助の誤りかもしれない。20代庄之助は昭和15年3月に亡くなってい
　　　るからである。そうなると、24代庄之助が番付を書き出したのは昭和19年と昭和20
　　　年のいずれが正しいのかということが問題になる。答えはわからない。本書では、
　　　橘著『図説　江戸文字入門』に基づいて昭和20年を正しい年月としたいが、確かな
　　　年月を確認するには、もっと他の裏づけが必要である。なお、橘著『図説　江戸文
　　　字入門』（H20）は大相撲談話会の村谷直史氏に教えてもらった。改めて感謝の意を
　　　表したい。
15)　実際は主任、助手、補佐役などという特別な名称はない。これは便宜的な呼び方で
　　　ある。したがって、名称にこだわる必要はない。これは行司監督を3人ともそれぞ
　　　れ行司監督または監督と呼ぶのと同じである。しかし、ここでは、便宜上、年配の
　　　責任者を主任、二番手を助手、三番手を補佐役と呼んでいる。
16)　勘太夫は昭和33年（1958）以前から行司と年寄の二枚鑑札だった。
17)　番付書きは現役の行司でなければならいというのではなく、行司経験者であればよ
　　　いという考えだったかもしれない。現在は現役の行司が番付を書いているが、現役
　　　でなければならないという規定はないはずだ。

第7章　行司の現況

　　・式守清三郎の頃に担当者となった。
　　・清三郎は昭和58年（1983）5月に亡くなった。病気療養の間、容堂
　　　（のちの30代木村庄之助）が内緒で手助けしていた[18]。なぜなら番付
　　　書きは幕内以上の行司となっていたからである。

（4）6代木村庄二郎（のちの26代式守伊之助）
　　・昭和57年（1982）11月場所～昭和59年（1984）11月場所。
　　・助手は木村容堂（2代）で、補佐役は式守敏廣だった。

（5）2代木村容堂（のちの30代木村庄之助）
　　・昭和60年（1985）1月場所～平成12年（2000）1月場所
　　・木村林之助（3代）の頃に担当者となった。
　　・助手は式守敏廣で、補佐役は恵之助だった。
　　・番付書きが正式に助手と補佐役の2人体制になったのは、容堂が主
　　　任になってからだそうだ[19]。

（6）10代式守勘太夫（のちの36代木村庄之助）
　　・平成12年（2000）3月場所～平成19年（2007）9月場所。
　　・式守敏廣の頃に担当者となった[20]。
　　・助手は木村恵之助で、補佐役は木村要之助である。

　昭和以降の番付書きについては、たとえば『国技相撲のすべて』（S49.1、
p.84）の囲み記事が参考になる。他の雑誌などでも散発的に見られるが、戦
前の番付書きについては資料が非常に少ない。

───────────────

18）　内緒というのは公的に認められていなかったということである。
19）　これは30代木村庄之助（2代容堂）から直接聞いた話である（平成29年1月15日）。
20）　担当者になったのは与之吉（9代）に改名する前である。敏廣から与之吉に改名し
　　たのは平成12年（2001）1月である。

163

6. 改名した行司

平成13年（2001）以降に改名した行司をここでは示す[21]。

6.1　式守伊之助

式守錦太夫（11代）は平成25年（2013）11月に40代式守伊之助を襲名したが、平成29年（2017）11月現在、38代木村庄之助を襲名していない。37代木村庄之助が平成27年（2015）3月場所後に引退してからの約3年間（厳密には17場所）もずっと伊之助のままである。平成25年に伊之助の地位に昇格したことを考えれば、この庄之助の空位期間は異常である。歴史的に見ても初めてのことではないだろうか。しかもその間、横綱が3名いたこともあったし、現在は4名もいる。なぜ40代式守伊之助に38代木村庄之助を襲名させないのだろうか。その理由がわからない。協会が理由を公表していないからである。理由が何であれ、木村庄之助がこのように約3年も襲名されなかったことはこれまでなかったことである。

6.2　式守勘太夫

木村和一郎は平成24年（2012）1月に式守勘太夫（11代）に改名している[22]。木村和一郎は高田川部屋に属し木村姓をずっと名乗っていたので、通常なら式守勘太夫を名乗ることはない。しかし、先代の式守勘太夫（10代）

---

21)　改名や改姓に関しては拙著『大相撲行司の軍配房と土俵』（H24）の第6章「行司の木村姓と式守姓の名乗り」や第7章「行司の改名に関する研究」などでも扱っている。

22)　この改名については拙著『大相撲行司の軍配房と土俵』（H24）の第6章「行司の木村姓と式守姓の名乗り」でも言及している。

の強力な勧めがあり、また和一郎も由緒ある式守勘太夫の名を絶やすのは忍びないと理解し、これまでの慣習を破りその行司名を受け継いでいる。この改名が示すように、行司名の襲名には伝統があるようでもあるし、ないようでもある。行司名を受け継ぐとき、適等な行司がいなければ、まったく予想もしない行司が受け継ぐことがある。木村和一郎が式守勘太夫を襲名したのは、先代の勘太夫（11代）と仲がよかったからである。先輩と後輩のつながりが深ければ、たとえ所属部屋や一門が違っていても、お世話になった先輩の行司名を襲名することがある。

6.3　木村容堂

　三役行司の木村恵之助は平成28年（2016）5月、木村容堂（3代）に改名している。先代の木村容堂（2代）は30代木村庄之助である。30代庄之助が恵之助を呼び出して容堂を名乗るように勧めたそうだ[23]。3代容堂は恵之助時代、補佐役として2代容堂と一緒に番付書きをしていた。それが縁で、2代容堂は恵之助に3代与太夫の襲名を勧めている。3代容堂と2代容堂は異なる一門（出羽海一門と高砂一門）だが、番付書きが縁で親しくなり、先輩の容堂（2代）を襲名したことになる。ちなみに、2代容堂が番付書きの主任だったとき、助手は式守敏廣だった。

6.4　式守与之吉

　式守与太夫（12代）は平成28年（2016）1月、式守与之吉（10代）に改名した。与太夫は由緒ある名前であるのに、あえて格下の与之吉に変えたことには何かわけがあるに違いない。そう思うのはごく自然である。それを調べ

---

23)　これは30代庄之助本人が語っていたので、間違いない。次の容堂には木村吉二郎に継がせたいとも語っていた。これが実現するかどうかはわからない。他の行司がその行司名を受け継ぐことも大いにありうるからである。

てみると、2つほど理由があることがわかった。1つは、入門当時、式守勘太夫（9代、三浦氏）にお世話になり、その名をゆくゆくは継ぎたかったらしいということ。もう1つは、勘太夫を継いだ行司は多くの場合、その前に与之吉を名乗っていること。つまり、勘太夫を将来継ぐために、まず与之吉を名乗ることになる。与太夫という由緒ある名前から与之吉に変えたのは与太夫という名前をおとしめたという見方は否めない。それでも、あえて与之吉を選択したのは、将来勘太夫を継ぐためには順序を踏むのが自然だと考えたからであろう。

　この改名は与之吉自身が考えて決断したとみるのが自然である。周囲の人たちからいろいろな助言はあったかもしれない。平成21年（2009）1月に錦之助（8代）から与太夫（12代）に改名したときには、与太夫という名を変えることなくずっと名乗っていくと言っていた。しかし、時間の経過とともに心境の変化があり、与太夫を辞退し、格下の与之吉を名乗ることに決めたようだ。

　与之吉に改名するときは、34代庄之助（11代与太夫）にも許しを申し出ている。34代庄之助は式守勘太夫という行司名が由緒ある名であることを十分知っているので、与之吉が将来を見据えて改名したいと申し出たのであれば、あえて反対しなかったのであろう。行司であれば、お世話になった兄弟子の由緒ある名を継ぎたいと言えば、それに反対などできない。むしろ歓迎するのが普通である。

　現在、与太夫は空きである。鬼一郎が継げば誰もが納得するが、継ぐかどうかは本人が決めることだ。誰も強制などできない。さらに、最近では行司名の襲名は必ずしも部屋に縛られていない。由緒ある名を絶やさないようにするため、別系統の人が名乗ることもごく普通のことになっている。したがって、伝統的にどの部屋の行司がどの行司名を継ぐだろうという予測をすることができても、予測どおりになるとは限らないのである。結果的に伝統を破ったとしても、抵抗感を抱く人もいればそうでない人もいる。どの選択をしても、罰を受けることはない。行司名の継承に関しての取り決めは一切ないからである。

第7章　行司の現況

　以上は、36代庄之助（山崎氏）との電話の中で受けた印象である。（平成29年1月15日）

6.5　式守錦太夫

　平成26年（2014）1月に式守慎之助（4代）は式守錦太夫（12代）に改名した。これは先代の錦太夫（11代）が式守伊之助（40代）に昇格したため空き名跡となっていた錦太夫を、慎之助が幕内昇格に伴って継いだものである。錦太夫は二所ノ関一門に所属している行司が名乗る傾向があるが、必ずしもその一門の行司だけが名乗っているわけでもない。たとえば、8代式守錦太夫（のちの28代木村庄之助）は出羽海部屋に所属していたし、11代錦太夫は宮城野部屋に所属していた。

6.6　木村銀治郎

　平成26年（2014）11月場所に木村堅治郎は木村銀治郎（3代）に改名した。初代銀治郎は峰崎部屋に所属し、明治20年頃から明治32年頃まで活躍しており、年寄名跡峰崎を襲名している。堅治郎は幕内昇格と同時に部屋所属の銀治郎の名を復活し名乗っている。峰崎部屋の行司として銀治郎の名を埋もれたままにしておくのはよくないと考え、自ら親方に相談しその名を継ぐことにしたという。堅治郎は親方の同意を得て、自ら行司監督に改名を申し出ている。平成29年1月場所中に銀治郎本人がそのように話していた。本人は部屋に由緒ある行司名があれば、部屋に所属している行司がそれを復活して名乗るようにするのがよいのではないかとも話していた。

6.7　式守慎之助

　木村玉三郎は平成26年（2014）1月、十両に昇格し、同時に式守慎之助に改名している。この慎之助という行司名は伝統的に二所ノ関部屋の行司が襲

名している。式守慎之助は片男波部屋、松ヶ根部屋、二所ノ関部屋と所属が変わっている。行司は部屋が閉鎖したり、親方が名跡を変更したりすると、新しい部屋の所属になる[24]。式守慎之助は片男波に所属していた時も式守姓で、式守玉三郎と名乗っていた。

6.8 木村善之輔

木村将二は平成27年（2015）11月に十両に昇格したとき、木村善之輔（5代）に改名した。この行司名は伝統的に春日野部屋の行司が襲名している。次に改名するときは、おそらく木村庄太郎を名乗るに違いない。善之輔を名乗った後は、庄太郎を名乗るのが慣例だからである。しかし、庄太郎を名乗らなかった行司もいたので、絶対に名乗ると断言することはできない。名乗りの順序は傾向であって、絶対に名乗らなければならないというものでもない。これはどの行司名にも当てはまる。

7. 軍配

7.1 軍配の握り

行司の名を呼び上げるとき、木村姓は握っている手の甲を上にし、式守姓は手の平をやや斜め上に向ける。この作法は現在、行司間にかなり浸透している。しかし、全員がその作法を守っているわけでもない。たとえば、幕内格の木村晃之助は式守流に握っている[25]。いずれにしても、握り方の作法

---

24) 現在、友綱部屋に式守姓と木村姓の行司がいるが、それは大島部屋が閉鎖し、そこの力士や行司が友綱部屋に移籍したからである。部屋が変わったからと言って、名乗っていた木村姓や式守姓が変わるわけではない。

25) 木村姓の行司が手の平を上に向けて握っても、もちろん、違反でも何でもない。握り方に関する規則はないからである。

168

第7章　行司の現況

が定まるようになったのは、最近のことである[26]。今後、この握り方が伝統となるかもしれないが、その伝統にこだわらない行司もまた出てくるに違いない。

7.2　軍配の形

瓢箪形を使用しているのは三役行司の木村庄太郎、幕下行司の木村悟志、式守一輝の3人である[27]。彼らは卵形と併用している。つまり、瓢箪形だけという行司は現在いない。相撲の規約では行司は軍配を持つことを規定しているが、その形に関しては何も規定していない。現在、軍配形は卵形が主流で、瓢箪形は例外になっているが、過去には瓢箪形が優勢のときもあった。

---

26)　軍配の握り方に関しては、拙稿『大相撲行司の伝統と変化』（H22）の第1章「軍配の握り方をめぐって」でも詳しく扱っている。調査した当時は特に出羽海系統の年輩の行司たちはこの作法に関し批判的だった。行司の握りやすいように握ればよいという主張である。しかし、最近は出羽海系統の行司でもこの作法に従っているようだ。入門の頃に、先輩行司が握り方について指導しているかららしい。この握り方の作法について述べている規定はない。したがって、この作法を守るか否かは行司本人の自由である。因みに、握り方に作法があったことは明治末期の新聞記事でも確認できる（『都新聞』（M43.4.29）の「庄之助の跡目」）。明治43年以前からそのような作法はあったに違いないが、当時でも規定ではなく、慣習として受け継がれていただけかもしれない。20代庄之助が握り方の区別について語っていることから、明治18年頃にはすでに式守家は式守流に握っていたかもしれない。20代庄之助は明治18年に入門し、19年に初土俵を踏んでいるが、師匠は8代式守伊之助である（『夏場所相撲号』（S10.5）の「行司生活51年」、pp.78-81）。なお、36代木村庄之助著『大相撲　行司さんのちょっといい話』（pp.111-2）によると、木村家と式守家の握り方を明確に分けるようになったのは24代木村庄之助時代だという。これが真実かどうかは今後検討してみる必要があるかもしれない。というのは、その後、その分け方に異議を唱えた立行司が何名もいるからである。

27)　軍配の形や房色に関しては、これまでも多くの行司に話を直接聞き、確認もしてきたが、最近の行司については特に幕下行司の木村悟志に教えてもらった。式守一輝の軍配は木村悟志の瓢箪形をモデルに作成したそうだ。興味深いのは、一輝は式守姓であるにもかかわらず、瓢箪形にしていることである。

169

今後、どういう形が優勢になるかはわからない。また、卵形や瓢箪形ではない別の形が現れないともかぎらない。

同様に、軍配の材質についても規定には何も明記されていない。現在は木材が主で、ときどきその周辺の一部に金材具が使用されるが、これも伝統的にそうなっているだけである。伝統は少しずつ変わっていくかもしれないし、一挙に大きく変わるかもしれない。今のところ、金物が本体を大きく占めるような軍配はないが、今の形が永遠に続くのか、それとも変わっていくのかはわからない。

7.3 軍配房

木村善之輔は幕下（木村将二を名乗っていた）の頃、黒房だったが、現在は十両となり青白房である。木村秋治郎は十両になるまで、黒房と青房の両方を使っていたが、どちらかと言えば、青房を使うほうが多かった。幕下の式守一輝はときどき黒房を使っているが、その際は装束と菊綴じも黒色である。これは先輩の木村将二（現在十両の善之輔）から装束を譲られたからである[28]。先輩の行司装束がたまたま黒色だったので、それに合わせて軍配房も黒色にしているそうだ。

軍配房色と装束の飾り紐の色が一致しない場合がときたま見られるが、幕

---

28) これと同じケースは式守敏廣（のちの36代庄之助）の場合も見られる（『国技相撲のすべて』（S49.7、p.104））。同様に、木村秋治郎も幕下時代、軍配房が青色、菊綴じが黒色というように房と装束の飾り紐の色が一致していない（『大相撲初場所展望号』（H13.1））。この2人に関しては拙著『大相撲行司の房色と賞罰』（H28）の第4章「行司の鞍房と青房」（p.84）の脚注（11））でも言及している。木村秋治郎とまったく同じケースが、平成29年11月場所でも見られた。序ノ口行司の木村啓太郎が胸紐は黒色、軍配房は青色で裁いていたのである。これを映像とともに教えてくれたのは大相撲談話会の阿部孝広さんである。現・40代式守伊之助に確認すると、その装束は現・十枚目格の行宏さんが幕下のとき、武蔵丸関の横綱昇進祝いに贈られたものである。啓太郎さんはそれを行宏さんから譲り受け、15日間ずっと着用している。

第7章　行司の現況

下以下は青か黒の房いずれかを用いてよいという規定があるからである。先輩から譲られた装束の色と自分が普段使用している軍配の房色が一致しない場合、それが規定に反しているかどうかは定かでない。一致するのが普通だが、ときおり一致しないケースが過去には見られた。

8.　本場所以外での仕事

　行司は本場所中だけ仕事をしているわけではない。本場所以外でももちろん仕事がある。番付書きや行司監督については先に触れたが、それらも見方によっては本場所外の仕事である。番付書きの担当者は場所が始まる前に番付を書くし、監督の仕事は場所中だけに限定されていないからである。それでは、他にどんな仕事を行っているだろうか。参考までに、それを簡単に記しておく。

- **輸送係**　相撲が行われる各地への乗り物の手配をする。外国での相撲の場合もあるし、国内の巡業などの場合もある。5名くらいがチームになって担当する。
- **木戸書記係**　巡業地の経理面の手伝いをする。たとえば、契約金などの整理を担当する。5名くらいがチームになって働く。
- **場内放送**　本場所と同じように、巡業での放送を担当する。
- **先発書記**　宿泊する場所の宿泊する人たちの名前や宿ビラなどを相撲字で書く。
- **土俵上の挨拶**　巡業の土俵で触れごとを行ったり、勧進元などの代理で口上を述べたりする。

　行司はそれぞれ相撲部屋に所属しているので、所属部屋の仕事も手伝っている。部屋によって仕事の内容はさまざまだが、秘書的な仕事をしているといっても過言ではない。ここでは、参考までに、一般的によく行われている

171

仕事を記す。詳しいことは、それぞれの相撲部屋に尋ねてみるか、行司に直接確認してみるとよい。

(1) 各地の部屋後援会等の番付送付のための宛名書き。
(2) 各種の案内状の発送。
(3) 引退相撲等の準備。
(4) 結婚や催事等の司会者。
(5) 部屋の経理面の手伝い。
(6) 土俵開きでは土俵祭りの祭主を勤める。

一門の相撲部屋に行司がいない場合は、依頼されればその部屋のお手伝いもする。

【追記】

40代式守伊之助は平成29年12月の沖縄巡業中に泥酔して若い行司に倫理上の不適切な行為を行ったため、平成30年1月場所初日の前日（13日）、臨時理事会で1月場所から5月場所までの3場所休場という厳しい処分を受けた。同時に、5月場所後に辞職願も受理することが決定している。この辞職願は12日に提出されていた。40代式守伊之助は38代木村庄之助を長い間襲名できなかったが、この襲名は結果的に1月場所で幻となってしまった。立行司（式守伊之助）が土俵外の不祥事で休場処分を受け、辞職を余儀なくされたのは歴史上初めてである。（平成30年1月14日記す。これは急きょ追加したものである。）

第8章　露払いと太刀持ち

1. 本章の目的

現在、横綱土俵入りでは次の2つが見られる。

(1) 太刀持ちと露払いがいて、2人とも土俵上にいる。
(2) 太刀持ちは横綱の右手側、露払いは左手側である[1]。

本章ではこの2つの点を主として次の視点から見ていく。現在の土俵入りの姿に至るまでにはいくつか変遷を経ているからである。

(1) 太刀持ちと露払いはいつ出現したか。寛政元年（1789）11月に初めて横綱土俵入りが行われたが、2人の介添えが登場したか。2人は現在と同様に、土俵上で待機したか[2]。
(2) 寛政3年（1791）6月の上覧相撲では横綱の前後に介添えが2人いた[3]。太刀持ちは現在と同様に、太刀を持っていただろうか。上覧相

---

1) 本章の「右手側」とか「左手側」は横綱や介添え2人が前方を向き、横綱や露払いから見た方向を表す。絵に向かって見た場合の右・左ではないので注意してほしい。介添えが土俵下で控えている場合、太刀持ちは露払いの右手側の場合もあるし、左手側の場合もある。2人の介添えの間に横綱が描かれていない場合も同様である。横綱が2人の介添えの間にいれば、横綱の右手側か左手側かで表す。なお、「右手側」は「右手」や「右側」、「左側」は「左手」や「左側」とも表す。

173

撲のため、太刀を許されなかったのだろうか。

(3) 太刀持ちは横綱の右手側、露払いは左手側という座位は昔から現在と同じだったのか。錦絵や写真などを見る限り、2人の座位は一定していない。それでは、現在の座位に定着したのはいつだろうか。

　寛政期の取組を描いた錦絵はたくさんあるが、横綱土俵入りを描いた錦絵は非常に少ない[4]。寛政3年6月の上覧相撲の横綱土俵入りを描いた錦絵や写本はいくつかあるのだが、本場所の横綱土俵入りとなると、錦絵の数は極端に少なく、写本でもその記述をほとんど見ない。当時の横綱土俵入りは新奇な演出であり観客の関心も高かったはずだし、小野川が寛政9年（1797）10月に引退するまで9年間も横綱土俵入りは毎場所行われていたはずである[5]。本場所以外の相撲でも横綱土俵入りは行われていたかもしれない。それにもかかわらず、錦絵があまりにも少ない。その理由が知りたいのだが、今のところ、わからない。寛政期から約40年後の文政11年（1828）2月に大関阿武松が横綱免許を授与されている。その後は、何人かの大関の横綱土俵入りを描いた錦絵をわずかながら見ることができる。明治後期になると、写真や文字資料も多くなる。これらの資料をどのように解釈するかは問題になるが、資料で困ることはないと言ってもよい。

---

2) 寛政期の小野川と谷風は「大関」だった。当時は「横綱」という階級はなく、番付でも「大関」と記載されている。しかし、本章では、便宜上、横綱を締めて「横綱土俵入り」を引く力士をすべて「横綱」と呼ぶことにする。したがって、寛政期だけでなく明治23年の西ノ海まで綱を締めた大関はすべて「横綱」として扱っている。

3) 寛政3年（1791）の頃、介添えの1人を現在のように「露払い」と呼んでいたかどうかは定かでない。この用語は相撲には適用されていなかったような気がする。写本で見かけるのは「先払い」となっていることが多い。本章では、便宜上、その「先払い」を「露払い」と呼ぶことにする。

4) 錦絵は相撲関連の書籍を参考にしたが、相撲博物館にも大変お世話になった。相撲博物館に改めて感謝を申し上げる。

5) 当時の本場所は年2回であった。基本的には2月から5月の間に1回、10月か11月に1回である。本場所の合間に、現在と異なる方式で、巡業相撲を行っていた。

第8章　露払いと太刀持ち

2. 寛政元年11月の本場所

　寛政元年（1789）冬場所（11月）7日目に横綱土俵入りが初めて行われている。そのとき、太刀持ちが横綱の介添えをしたことは確かだが、露払いはどうだったのだろうか。露払いはいたのだろうか、それともいなかったのだろうか。ほとんどの文献では太刀持ちと露払いの2人が介添えしていたと記述されているが、それは事実を正しく反映しているのだろうか。そのように記述している文献をいくつかを示す。

① 北川著『相撲と武士道』（M44）の「土俵の話」（pp.79-95）。
　　「横綱土俵入りのことは、すでに古く、初代横綱、すなわち谷風が、横綱を免許された時から、一人で、左右に二人の門下生を引き連れて、土俵入りをしたものである。」（p.91）[6]

② 綾川著『一味清風』（T3）の「横綱土俵入りの故実」（pp.155-7）。
　　「横綱土俵入りの際、露払いと太刀持ちとを土俵の上まで従えるようになったのはいつの頃よりのことか。寛政時代の横綱土俵入りの錦絵にも露払い、太刀持ちはあるが土俵の外に控えていて、今日のように土俵に上ってはいない。〔寛政3年の上覧相撲の横綱土俵入りの模様を記述した写本を引用〕文中に太刀持ち、露払いの文字は見えないが、当時のことを描ける錦絵には明らかに太刀を持った力士が従って

6）　これには太刀持ちの太刀について何も言及されていないが、文脈から現在と同じ様式だと推測できる。しかも、上覧相撲ではなく、本場所であることもわかる。横綱の初代を谷風としているのは、谷風に寛政元年11月に横綱免許が初めて授与されたからである。すなわち、初代明石から3代丸山までの横綱を認めていない。確かに3代までは事績にかなり疑わしいことが多く、谷風に授与された横綱免許も授与されていない。しかし、本書では、慣例に従って谷風を4代横綱として扱う。

175

いる。露払いは前駆で太刀持ちを従えるのは一城の主の格式作法である。横綱力士の見識地位もまた貴いではないか。」（pp.186-7）[7]

③ 『国技相撲のすべて』（別冊相撲夏季号、昭和49年7月）。
「江戸寛政期の谷風、小野川の横綱土俵入りが初めて行われたとき、その威容を整える意味で露払いと、うしろに太刀持ちを従えたのが始まりである。初め、横綱の先に立っていく者を露払い、または杖払いといった。〔中略〕横綱土俵入りは、厳粛な儀式あるから、貴人に模して、露払いが入場する横綱力士の道を開くわけである。太刀持ちは吉田司家の横綱免許とともに、『片屋入り（土俵入り）の節に持太刀（太刀持ちのこと）を許すと別の免状が出されるほど格式の高いものである』」（p.66）[8]

④ 『横綱物語』（ゴング格闘技10月号増刊、H5）。
「谷風、小野川による最初の土俵入りの時から、太刀持ちと露払いは存した。太刀持ちは、以前は横綱免許と同様、吉田司家から『太刀持ちを許す』との免状が出されていた。武士で言えば、主君の太刀を持って近侍する役に当たる。露払いは、貴人通行の際、先導して道を開く、先払いの役である。従って太刀持ちは名誉職との概念が今も残っており、番付上位の者が太刀持ちを務めるのが一般的である。」（p.73）

谷風と小野川に横綱免許が授与されたとき、帯刀も同時に授与されたかど

---

7) 上覧相撲と本場所の相撲を明確に区別していないが、本場所の横綱土俵入りでも露払いと太刀持ちが2人介添えし、土俵下で控えていたとしている。寛政元年11月から寛政3年6月までの本場所の横綱土俵入りで露払いも介添えとして登場したのだろうか。本章では、それを疑問視している。

8) 引用文の字句を少し変えてある。正確な引用文が必要なときは、出典元に直接あたることを勧める。露払いは他に「先払い」ということもある。

第8章　露払いと太刀持ち

うかは確かでない[9]。当時、大名抱えの力士は帯刀していたので、免許がなくても両横綱はすでに帯刀していた。

⑤　金指著『相撲大事典』（H13）の「一人土俵入り」の項。
　「寛政元年〔1789〕に横綱免許を受けた谷風、小野川は、太刀持ち・露払いを従え、一人で土俵入りの所作をした。」（p.288）

　現在の横綱土俵入りの視点からすると、横綱の前に露払い、後ろに太刀持ちがいるのは何も不思議でない。しかし、寛政元年11月の本場所7日目に横綱土俵入りが初めて行われたとき、それが現在と同じ様式であったかどうかについては疑問がある。横綱が土俵上で土俵入りの所作をしている間、太刀持ちが傍に蹲踞していたことは確かである。それを確認できる錦絵もある。しかし、露払いが介添えしたことを確認できる錦絵は一つも見当たらない。少なくとも寛政元年11月場所中の横綱土俵入りを描いた錦絵には露払いは描かれていない。それを確認するために、錦絵や文字資料をいくつか提示する。

3.　寛政元年11月から3年4月までの本場所

　現在と同じような横綱土俵入りが行われたのは、寛政元年（1789）11月場所7日目である[10]。その日の午前中に「横綱授与式」があり、谷風と小野川

---

9)　当時の錦絵では谷風も小野川も太刀を持っている。それが吉田司家によるものなのかどうかはわからない。当時、大名抱えの力士は帯刀を許されていた。吉田司家が大名より権威があったわけでないので、太刀に関しては特に免許で許可するということはなかったはずだ。

10)　横綱土俵入りが行われたのは8日目だとする指摘もあるが、本章では7日目に行われたという指摘に従っている。この7日目は酒井著『日本相撲史（上）』（p.166）にも指摘されている。

177

に横綱が吉田司家より授与された。その時の模様を描いた錦絵がある。

① 横綱授与の図。酒井著『日本相撲史（上）』（p.167）／堺市博物館編
『相撲の歴史』（p.38）。

この絵図は横綱土俵入りとは直接関係ないが、横綱土俵入りで使用する横
綱が授与されていることで間接的に関係がある。当日の午後行われた土俵入
りの介添え役が示唆されているからだ。この絵図では太刀持ちは描かれてい
るが、露払いは描かれていない[11]。谷風と小野川は介添え役として太刀持
ちがそれぞれつき、その介添え役は土俵上で立っている。もし横綱土俵入り
に太刀持ちと共に露払いも登場していたならば、露払いも絵図に描かれてい
たはずだ。絵師が意図的に露払いを描かなかったという考えもあるが、本章
では絵図のとおり、露払いはその場にいなかったという解釈をしている。寛
政4年までの本場所を描いた絵図ではどれにも露払いが描かれていないこと
もその根拠の1つである。

② 横綱ノ図（谷風）。寛政元年11月。春好画。『相撲浮世絵』（p.66）／池
田編『相撲百年の歴史』（p.50）。

この絵は勧進相撲の土俵入りを描いたものである。寛政元年の錦絵であれ
ば、11月本場所の土俵入りを描いたものとなる。土俵上には太刀持ちだけ
で、露払いはいない。太刀持ちは横綱の後ろに蹲踞して控えている。もし露
払いが登場していたならば、それを描かないはずがない。なぜなら横綱土俵
入りは歴史的にも初めてのことであり、露払いがいたなら描かないはずがな
いからである。

---

11) 酒井著『日本相撲史（上）』（p.166）によると、太刀持ちは谷風が滝の音、小野川は
五百嶽である。絵図では五百嶽の四股名が記載されていないので、他の資料を参考
にしたのかもしれない。

178

第8章　露払いと太刀持ち

③　横綱ノ図（小野川）、寛政元年（1789）11月。春好画、池田編『相撲百年の歴史』（p.54）／堺市博物館編『相撲の歴史』（p.44）。

この絵図の図柄は谷風の「横綱ノ図」と同じで、両横綱の顔の向きだけが違う。谷風と小野川の絵図では両方とも露払いが描かれていないことから、露払いは登場していなかったはずだ。

④　「横綱土俵入りの図」、寛政3年春場所（4月）、春英画、堺市博物館編『相撲の歴史』（p.38）／『国技相撲の歴史』（pp.128-9）。

この絵図は四股名から判断すると、寛政3年4月春場所を描いたものである。4月には加治ヶ濱は梶ヶ濱に改名しているが、元の加治ヶ濱が使われている。同年11月なら、梶ヶ濱となっていたはずだ。龍門が陣幕に改名したのも4月である。絵図では陣幕となっている。4月には加治ヶ濱・和田の順位だが、11月には和田、加治ヶ濱の順位である。絵では4月の順位となっている。

東西の力士や横綱土俵入りが同時に描かれているので、絵図では別々の場面を1つにまとめて描いている。谷風が土俵入りをしている間、小野川も土俵上にいるが、これも別々の土俵入りを1つにまとめたのかもしれない。いずれにしても、太刀持ちは土俵下で太刀を持ち、露払いは描かれていない。太刀持ちが土俵下で描かれているのは、両横綱が土俵上で描かれていることによるかもしれない。横綱1人の土俵入りであれば、太刀持ちは土俵上で待機していたと推測していたかもしれない。この推測が正しいかどうかは定かでない。

⑤　自楽子編『増補横綱図式』（寛政4年）の絵図「土俵之図式」[12]

―――――――――

12)　この写本は相撲博物館にお世話になった。改めて感謝を申し上げたい。

179

この絵図には横綱谷風と小野川が土俵入りする模様が描かれている。寛政4年の写本であることから、当時の横綱土俵入りを反映しているに違いない。寛政元年11月場所7日目の土俵入りをわざわざ再現して描く必要などないはずだからである。寛政4年の土俵入りを描いているなら、当時でも露払いは登場していなかったことになる。この絵図の特徴をいくつか記す。

・谷風は「横綱仙台谷風」、小野川は「久留米小野川」と書かれている。「寛政元年酉十一月江戸角力八日目相済」となっているので、横綱土俵入りが8日目にあったことを記している。この「8日目」は、実際には、「7日目」が正しい。酒井著『日本相撲史（上）』（p.166）によれば、7日目の午前中に横綱伝授式があり、その日の午後に土俵入りが行われている。

・太刀持ちは土俵下で待機している。当時の太刀持ちは現在と違い、太刀の上下を胸の前で支えている。土俵下で待機しているのは、寛政3年春場所の横綱土俵入りの図のように、両横綱を同じ画面に描いているからであろう。横綱小野川は土俵上で蹲踞し、谷風の土俵入りを眺めている。横綱1人の土俵入りであれば、太刀持ちは土俵上で待機したかもしれない。これについては、今のところ、推測の域を出ない。

・露払いは描かれていない。土俵下で露払いのように見える人は、実は取組を控えている力士である。以前は、取組む前の力士たちは土俵周辺（たぶん東西）で一緒に控えていた。

・太刀持ちや露払いとは関係ないが、谷風は後方から描かれている。腰に巻いた横綱は現在のように輪の形をしていない。綱は現在よりかなり細い。

　絵図によって、太刀持ちは土俵上で控える場合もあるし、土俵下で控える場合もある。横綱1人が土俵入りをしている場合は土俵上にいるが、幕内土俵入りと横綱土俵入りを同時に描き、横綱が2人土俵上にいるときは、太刀持ちは土俵下に描かれている。本場所では横綱1人ずつ土俵入りをしていた

第8章　露払いと太刀持ち

はずなので、太刀持ちは土俵上で待機していたはずである。これが本章の立場だが、その考えそのものが間違っているかもしれない[13]。また、横綱が1人ずつ土俵入りをしていた場合でも、太刀持ちは土俵上でもよいし土俵下でもよかったかもしれない。太刀持ちの待機位置については今後の研究を俟ちたい。

　これまでの資料で見る限り、自楽子編『補説横綱物語』（寛政4年）で見るように、寛政4年までは露払いは横綱土俵入りの介添えをしていない。介添えをしていたのは太刀持ちだけである。それでは、露払いはいつ介添えとして登場したのだろうか。これについては寛政3年6月の上覧相撲の横綱土俵入りを述べた後で、再び触れることにする。

4.　寛政3年6月の上覧相撲

　露払いと太刀持ちは介添えをしたが、横綱が土俵入りをしている間、土俵下で控えていた[14]。太刀持ちが太刀を携えていたかどうかに関しては、少なくとも3つの見方がある。

（1）太刀持ちは太刀を携帯していた[15]。
　　たとえば、岡編『古今相撲大要』（p.7）、荒木著『相撲道と吉田司家』

---

13)　絵図のように、一方の横綱が土俵入りをしている間、もう一方の横綱も同じ土俵上で待機していたかもしれない。これを明確に否定する根拠となる錦絵や記述はまだ見ていない。横綱が土俵入りをしている間、太刀持ちが後ろで控えている錦絵「横綱ノ図」はあるが、この絵図は土俵入りの模様を部分的に描いているだけである。土俵上の行司は描かれていないし、土俵の周辺もまったく描かれていない。有力な手掛かりになるが、強力な証拠とは言えない。

14)　太刀持ちはもともと横綱の太刀の代わりに持つ役割である。横綱が太刀を携えるのは横綱だからではなく、帯剣が武士の身分を表すシンボルだからである。横綱以外の力士がいつ頃から帯刀しなくなったのかはわからない。明治時代の廃刀令あたりかもしれない。

181

（p.50）、酒井著『日本相撲史（中）』（p.174）など。

(2) 太刀持ちは太刀を携帯していなかった。

たとえば、拙著『大相撲行司の軍配房と土俵』（p.56）。

(3) 太刀持ちが太刀を携帯していたかどうかは不明である。

たとえば、三木・山田著『相撲大観』（pp.354-5）。

本章でも、太刀持ちは太刀を携えていなかったとしている。拙著（H24）の出版後、新しい絵図が見つかったり、文献を改めて読み直したりしたが、やはり結論は同じである。

上覧相撲の模様を描いた写本はいくつかある[16]。これらの文献を読んでも、太刀持ちが太刀を携えていたという記述はない。太刀に関しては、何も言及されていないのである[17]。太刀持ちの帯剣の有無に関しては、まだ不明な点もあるが、帯剣していなかったという見方に軍配を上げておきたい。それには2つの理由がある。

1つ目の理由。将軍が間近に観戦する相撲のため、帯剣を当局から禁止された。もしかすると、相撲会所が自ら帯剣を遠慮したかもしれない。相撲場までは年寄を初め、力士や行司等も帯剣している。それは写本でも確認できる。横綱の背後に太刀持ちがいたのだから、太刀持ちが太刀を携帯しないの

---

15) 成島峰雄著の写本『すまゐ御覧の記』（酒井著『日本相撲史（上）』に所収、pp.175-7）によれば、谷風の介添えは達ヶ関と秀の山である。上位の力士のほうが太刀持ちを務めるという現代の視点からすると、秀の山が露払い、達ヶ関が太刀持ちである。当時、「露払い」ではなく「先払い」が使われており、相撲では「露払い」という用語が使われていなかったかもしれない。

16) 南町奉行所の文書「南撰要類集」にも上覧相撲の模様が著わされている。この文書については言及されることがあまりないが、上覧相撲の状景が簡潔にまとめられている。

17) 拙著『大相撲行司の軍配房と土俵』の第2章「上覧相撲と行司の着用具」で「南撰要類集」を一部引用してあるが、その読み方で間違いがある。たとえば、「4つ目、関一人上の上に横綱を締め」（p.53）とあるのは、「4つ目、関一人廻しの上に横綱を締め」とするのが正しい。

第8章　露払いと太刀持ち

は不自然だが、上覧相撲はやはり本場所と異なるものである[18]。当時は、力士も帯剣を許されていたが、将軍が間近に観戦する特別な上覧相撲では禁止されていたに違いない。そのために、写本では太刀持ちが帯剣しないのは当然のこととして受け入れられ、結果として記述されていないだけかもしれない。

　2つ目の理由。上覧相撲の土俵入りを描いた絵図が少なくとも2つあるが、それには太刀持ちの帯剣は描かれていない。この2つの絵図は、次の文献で確認できる。

　① 学研発行『大相撲』の絵図（pp.67-8）。狩野養川画。

　この土俵入りの絵図では、谷風と小野川が土俵上にいる。谷風が土俵入りの動作をしているがその間、小野川は同じ土俵上で腰をかがめて控えている。行司は1人土俵上で控えている。おそらく、木村庄之助である。この絵図は土俵入りの模様を正しく描いているだろうか。そうではないらしい。なぜなら、谷風と小野川は同じ土俵上にいなかったからである。写本によれば、小野川が最初に土俵入りを済ませ、土俵を降りている[19]。それに続い

---

18) 寛政6年以降の上覧相撲で太刀持ちが太刀を携帯したかどうかに関しては、まだ確認していない。たとえ真剣に見えたとしても、刀身は竹光だったかもしれない。木刀だったなら、刀身はまったく問題にならない。いずれにしても、真剣でなかった可能性が高い。

19) 大関小野川は土俵入りを終えた後、土俵を降り、介添え2人と共に退いている。その後、大関谷風が土俵に上がり、土俵入りをしている。『風俗画報』（明治26年1月号）の乗附春樵筆「相撲上覧の事」（pp.11-4）には「土俵入り終って二人を従い退く。立ち替わり西の大関谷風（後略）」（p.12）と記述してある。これは『吹上御庭相撲上覧記』の「両関には角力両人ずつ前後に随い、土俵入りの内、青竹手摺左右に控え、両関土俵入済みて引く時、また前後に従い引く」に類似しているが、別の出典に基づいているかもしれない。表現が少し異なるからである。なお、この『吹上御庭相撲上覧記』は、たとえば、古河著『江戸相撲の大相撲』（pp.234-5）にも詳しく紹介されている。

183

て、谷風が土俵に登場し、1人土俵入りをしている。谷風と小野川は2人同時に土俵上にいなかった。絵図と写本では、描き方が違う。どちらが真実を反映しているだろうか。写本では1人ずつ土俵入りをしたことが記述されていることから、写本が真実を正しく伝えているはずだ。絵図では別々の横綱土俵入りを1つにまとめて描いたのではないだろうか。

　この絵図では露払いも太刀持ちも描かれていない。しかし、写本によると、行司、露払い、横綱、太刀持ちの順で花道を歩んでいる。横綱が土俵入りをしている間、太刀持ちと露払いは土俵下で控えていた。行司は、本場所と同様に、土俵上で蹲踞していたに違いない。

　② 酒井著『日本相撲史（上）』の絵巻（pp.174-5）[20]。

　この絵巻では、上覧相撲の模様を連コマで描いているが、土俵入りの一コマも描かれている。それによると、横綱1人だけが土俵上にいる。写本を参考にすれば、最初に土俵入りをした横綱は小野川である。先に土俵入りを済ました小野川は介添え2人とともに土俵を退いている[21]。介添えは2人ずつで、1人は露払い、もう1人は太刀持ちである。待機している横綱の後ろに

20）　この絵巻は堺市博物館制作『相撲の歴史』（p.39）にも掲載されているが、土俵入りの一コマは掲載されていない。また、酒井著『日本相撲史（上）』（pp.174-5）には土俵入りの絵図も掲載されているが、土俵入りしている横綱の介添え2人は削除されている。竹内著『相撲の歴史』（H5）にも土俵入りの絵図一コマが絵巻物として掲載されている。

21）　小野川は土俵入りをした後、控えに戻ったと解釈しているが、これは正しくないかもしれない。谷風が土俵入りをしている間、小野川と介添え2人は土俵下で控えていたかもしれない。『すまゐ御覧の記』には「土俵を張りて退く。立ち替わり〔後略〕とあり、小野川がどのように退いたかは必ずしもはっきりしない。はっきりしているのは、谷風が土俵入りをしている間、小野川は土俵上にいないことである。寛政3年6月の上覧相撲では一方が土俵入りをしている間、もう一方は同じ土俵上にいない。寛政元年11月本場所の土俵入りでも同じだったかどうかはまだ不明である。

第8章　露払いと太刀持ち

立っている力士が太刀持ちだとしても、その力士は太刀を持っていない。ま
た、土俵上にいる横綱の介添えで、土俵下に控えている2人の力士も太刀を
持っている様子がない。このことから、太刀持ちは太刀を持っていなことが
わかる。この絵図では行司も描かれていない。土俵上にも土俵下にもいない
のである。太刀持ちと露払いは土俵下で控えているが、実際はどうだっただ
ろうか。これに関しては、この絵図が正しいかもしれない。

　③『相撲穏雲解』（『VANVAN相撲界秋季号』（pp.80-133））の絵図。

　『相撲穏雲解』の絵図（pp.108-9）には横綱土俵入りの模様が描かれてい
る[22]。横綱は1人土俵入りの動作をし、行司は土俵上で蹲踞している[23]。太
刀持ちと露払いは土俵下で控えている。どちらが露払いで、どちらが太刀持
ちなのかはわからない。花道を入場した順で座位したのであれば、二番手の
露払いが左側、三番手の太刀持ちが右側である。太刀持ちがどちらであった
にしても、絵図では太刀を携えている力士はいない。

---

22)　吉田編『ちから草』（昭和42年）の樋渡筆「再び相撲穏雲解」（pp.107-17）による
　　と、絵図は町絵師堤閑彬によって描かれている（p.109）。当事者の話を聞いて描い
　　たはずだが、上覧相撲の写本と必ずしも一致しないものがいくつかある。絵図より
　　写本のほうが信頼性は高い。
23)　写本の記述から、行司は木村庄之助に違いないが、草履を履くことを許されていな
　　い。本場所では当時、木村庄之助はすでに草履を許されていた。しかし、寛政3年
　　の上覧相撲ではやはり草履を履いていない。これも上覧相撲は特別な相撲であるこ
　　とから、草履を許されなかったに違いない。木村喜平次著『相撲家伝鈔』（正徳4年）
　　の「草履の事」には「御前相撲で草履を履くことは無作法である」という趣旨の記
　　述がある。帯剣と同じ理由から履いていないのか、それとも他の理由から履いてい
　　ないのかはわからない。

185

5. 本場所の露払いの登場

　寛政3年（1791）6月の上覧相撲では露払いの登場を確認できたが、本場所では寛政4年まで露払いの登場を確認できない。これが正しければ、本場所の露払いは寛政3年6月の上覧相撲の後だったことになる。つまり、本場所で実施されていなかったことが上覧相撲で初めて導入されたことになる。これがきっかけになり、本場所でも露払いが導入されたかもしれない。それでは、いつそれは始まったのだろうか。

　本場所で露払いが登場したのは文政11年（1828）頃である。それは阿武松の土俵入りを描いた錦絵で確認できる。横綱阿武松（6代）の在位期間は文政11年（1828）2月から天保6年（1835）10月までである。

① 阿武松の土俵入りの図。天保3年（1832）。国貞画。『相撲浮世絵』（p.72）。
　太刀持ち・小柳で、左側。露払い・瀬戸崎。両人とも土俵下で控えている。

② 阿武松の土俵入りの図。文政11年〜13年（1830）。国貞画。『江戸相撲錦絵』（p.58）。
　太刀持ち・小柳で、左側。露払い・槙ノ戸。両人とも土俵下で控えている。

③ 阿武松の土俵入りの図。豊国画。酒井著『日本相撲史（上）』（p.277）。
　太刀持ち・小柳で、左側。露払い・大濱。両人とも土俵下で控えている。

寛政4年（1792）まで本場所の横綱土俵入りでは露払いの登場を確認でき

第8章　露払いと太刀持ち

なかった。横綱小野川（5代）の在位期間は寛政元年11月から寛政9年10月までである。横綱谷風（4代）の在位期間は寛政元年11月から寛政6年11月までである[24]。そうなると、露払いの登場には少なくとも2つの見方があることになる。

(1)　文政11年に露払いは登場した。
(2)　寛政5年（1793）以降文政11年（1828）の間に露払いは登場した。

いずれが正しいかは不明である。横綱小野川が引退してから横綱阿武松が誕生するまでには約30年の年月が経過している。その間の空白期間をどのように捉えるかが露払いの登場を考える上では重要である。寛政3年6月の上覧相撲では露払いが登場しているし、その後でも上覧相撲が行われているので、露払いはやはり登場していたに違いない。そういう事例を考えれば、文政11年2月に横綱阿武松が誕生したとき、上覧相撲の横綱土俵入りを真似たのかもしれない。本場所なので、ついでに太刀持ちには太刀を持たせたのかもしれない。

もう一つの見方としては、寛政5年から寛政9年の間に寛政3年6月の上覧相撲にならって本場所の横綱土俵入りで露払いが登場するようになっていたかもしれない。それを確認する錦絵や資料はまだ見つかっていないが、それはたまたま見つかっていないだけかもしれない[25]。もしこれが正しい推測であれば、横綱阿武松の土俵入りで露払いが自然に登場したことになる。つ

---

24)　横綱の在位期間は『大相撲人物事典』（H13）の「歴代横綱略歴一覧」（pp.708-9）に基づく。ここに記されている在位期間は吉田司家の資料、たとえば『本朝相撲之司吉田家』（大正2年）や『ちから草』（昭和42年）といくつか異なるものがある。たとえば、稲妻、秀ノ山、鬼面山では横綱授与の年月が異なっている。

25)　寛政5年から9年の間に小野川の横綱土俵入りを描いた錦絵の有無を相撲博物館に問い合わせたが、所蔵していないということだった。小野川は5年の間土俵入りをしていたので、その模様を描いた絵図か記述があってもよさそうである。どこかに埋もれているような気がしてならない。

187

まり、寛政5年から9年の間に横綱小野川は露払いを介添えして横綱土俵入りを行っていたことになる。これが事実に即しているかどうかは、今のところ、わからない[26]。

　なお、窪寺著『日本相撲大鑑』（p.205）によると、横綱が露払いと太刀持ちを従えるようになったのは天保年間である。

　　「この谷風・小野川の土俵入りはただ一人で行ったもので、露払い・太
　　刀持ちを従えるようになったのは天保年間（1830-44）以降とされる。」
　　（p.205）

　この記述ではっきりしないのは、谷風や小野川の土俵入りで太刀持ちさえもいなかったのかどうかである。「ただ一人」という表現では介添えが誰もいなかったようにも解釈できる。しかし、寛政4年までは太刀持ちが横綱の介添えをしていたことは絵図でも確認できる。露払いと太刀持ちが2人介添えしたのが天保年間であるという記述は正しいとも言えるし、そうでないとも言える[27]。

　阿武松が横綱になった頃に露払いを描いた錦絵があるからと言って、そのときに露払いが初めて出現したことの証拠にはならない。寛政5年から9年の間にすでに出現していたかもしれないからである。それを裏づける資料が見つからないだけかもしれない。この点を強調しておきたい。

---

26)　谷風が亡くなった寛政7年（1795）までに露払いは登場していなかったという前提
　　がある。すなわち、谷風の横綱土俵入りでは本場所に関する限り、露払いは登場し
　　ていない。もちろん、これは仮説であり、正しいかどうかは今後も検討しなければ
　　ならない。

27)　本章では阿武松が横綱になった文政11年から露払いも登場しているという解釈をし
　　ている。それに対し、窪寺著『日本相撲大鑑』では文政時代ではなく、天保時代に
　　入って様式が変化したと解釈していることになる。阿武松の土俵入りを描いた錦絵
　　がどの時代に描かれたかが重要になる。錦絵の暦年が特定できれば、文政期か天保
　　期かの問題は解決できる。

第8章　露払いと太刀持ち

6.　土俵下と土俵上の待機

　大関阿武松の土俵入りでは太刀持ちと露払いは土俵下で待機している。この様式は、基本的に、大関秀ノ山まで続いている。しかし、それ以前の横綱土俵入りでも土俵上で待機している絵図もあり、土俵下だけというわけではない。錦絵では土俵下と土俵上のいずれも描かれているので、どれが事実を正しく反映しているのかは、今のところ、定かでない。

　錦絵が事実を正しく描いているとすれば、なぜ同じ大関（横綱）で違った土俵入りが描かれているのだろうか。それは本場所と御前相撲による違いではなさそうである。また、これを混乱期の「過渡的現象」と見るにはその期間が長すぎる。1人の横綱だけでなく、異なる横綱の土俵入りでも見られるからである。介添え役2人が土俵下や土俵上で控えたりしているのには何か理由があるはずだが、今のところ、それが何なのかはわからない。

　ここでは、調べた錦絵をそのまま示すことにする。

(1)　稲妻（文政12年（1829）9月～天保10年（1839）11月）[28]

　①　稲妻の土俵入りの図。国貞画。『江戸相撲錦絵』（p.59）／堺市博物館
　　編『相撲の歴史』（p.48）。
　　太刀持ち・朝風で右側。露払いは鏡山。両人とも土俵下で控えている。行司が描かれていないが、省略されているようだ。当時、横綱が動いている間、行司は位置を移動していないはず。すなわち、行司は

---

28)　『本朝相撲之司吉田家』（p.18）、『相撲道と吉田司家』（pp.197-8）、『ちから草』
　　（p.128）などによると、横綱授与は文政13年となっている。『大相撲人物大事典』
　　（p.193）によると、文政13年は誤りであり、12年が正しいという。どちらが事実に
　　即しているかを当時の文献で確認していないが、本章では文政12年説に従っている。

189

正面を向いて蹲踞していた。

② 稲妻の土俵入りの図。豊国画。酒井著『日本相撲史（上.)』（p.277）／
学研発行『大相撲』（p.83）。
太刀持ち・朝風で右側。露払い・黒雲。行司は描かれていない。両人
とも土俵下で控えている。

稲妻の土俵入りでは2人の介添えが土俵上でも控えている錦絵がある。

③ 稲妻の土俵入りの図。貞虎画。相撲博物館所蔵。
太刀持ち・朝風で右側。露払い・黒雲。②の錦絵では行司が描かれて
いないが、この錦絵では行司も描かれている。軍配の文字「豪」から
木村庄之助だと推測できる。両人とも土俵上で控えている。

(2) 不知火（諾）（天保11年11月〜天保15年1月）[29]

④ 不知火（諾）の土俵入りの図。国貞画。『相撲浮世絵』（pp.18-20）。
太刀持ち・高根山で右側。露払い・黒雲。両人とも土俵下で控えてい
る。横綱を背後から描いている。輪は1つ。当時はまだ輪の結び目は
決まっていなかったかようだ[30]。

⑤ 不知火（諾）の土俵入りの図。天保13年〜14年。国貞画。『江戸相撲
錦絵』（p.60）。
太刀持ち・高根山で左側。露払い・黒雲で右側。両人とも土俵下で控
えている。この絵では横綱を正面から描いている。

---

29) 不知火（諾）の免許は天保13年（1842）に授与されたという説もある（酒井著『日
本相撲史（上)』、p.312))。
30) 参考までに、谷風の背中を描いた錦絵もあるが、輪は1つである。

第8章　露払いと太刀持ち

⑥　不知火（諾）の土俵入りの図。天保13年〜14年。国貞画。『江戸相撲
　　錦絵』（p.78）／酒井著『日本相撲史（上）』（p.322）。
　　太刀持ち・高根山で右側。露払い・黒雲で左側。錦絵。両人とも土俵
　　下で控えている。横綱は正面を向いている。

不知火（諾）の土俵入りを描いた錦絵では、土俵上でも待機している。

⑦　不知火（諾）の土俵入りの絵図。二代立川焉馬著『相撲節会銘々伝
　　（初編上）』（天保16年）[31]。
　　この絵図では、土俵上で太刀持ちと露払いが待機している。太刀は横
　　綱の右手、露払いは左手になっている。横綱と介添え2人の名前は記
　　されていないが、写本の刊行年から横綱は不知火（諾）に違いない。
　　また、太刀持ちは高根山、露払いは黒雲に違いない。不知火（諾）の
　　土俵入りを描いた錦絵ではこの2人が介添えしているからである。「諸
　　侯（公）御前相撲土俵入の図」とあるので、この絵図は御前相撲の土
　　俵入りを描いているのかもしれない。

⑧　不知火（諾）の土俵入りの図。国貞改め豊国画。行司・式守伊之助。
　　相撲博物館所蔵。
　　太刀持ち・黒生嶽で右側、露払い・黒雲である。2人とも土俵上で控
　　えている。

⑨　不知火（諾）の土俵入りの図。国貞画。金指著『相撲大事典』（p.156）。
　　太刀持ち・高根山で右側、露払い・黒雲である。2人とも土俵上で控
　　えている。

31）　天保16年となっているのは15年末期に発刊したからである。天保15年12月2日に
　　　弘化元年になっている。したがって、弘化元年か2年とするのが実態には合致する。
　　　この写本は相撲博物館にお世話になった。改めて感謝申し上げる。

⑩ 不知火（諾）の土俵入りの図。国貞画。個人所蔵の錦絵。
太刀持ち・高根山で右側、露払い・黒雲である。2人とも土俵上で控えている。この錦絵はイラスト的で、全体的に色が薄い。

（3）秀ノ山（弘化4年（1847）9月～嘉永3年（1850）3月）[32]

⑪ 秀ノ山の土俵入りの図。豊国画。『相撲浮世絵』（p.74）。
太刀持ち・天津風で右側。露払い・橘。両人とも土俵下で控えている。

⑫ 秀ノ山の土俵入りの図。豊国画。酒井著『日本相撲史（上）』（p.332）。
太刀持ち・天津風で右側。露払い・常陸山。両人とも土俵下で控えている。

⑬ 秀ノ山の土俵入りの図。豊国画。『相撲浮世絵』（p.75）／『江戸相撲錦絵』（p.61）。『江戸相撲錦絵』では弘化2年～5年となっている。両人とも土俵下で控えている。

秀ノ山の土俵入りでは、土俵上でも待機している錦絵がある。

⑭秀ノ山の土俵入りの図。豊国画。相撲博物館所蔵。
太刀持ち・天津風で右側。露払い・橘。⑬の錦絵には行司と検査役が描かれていないが、この錦絵では行司・式守伊之助と雷權太夫が描かれている。また、⑬の錦絵では太刀持ちと露払いが土俵下に控えているが、この錦絵⑭では土俵上で控えている。

32）『大相撲人物大事典』では弘化2年（p.708）と4年（p.209）があるが、弘化4年とする。他の資料、たとえば『本朝相撲之司吉田家』（p.19）や『ちから草』（p.128）では弘化4年となっている。

第8章　露払いと太刀持ち

　稲妻や不知火（諾）の場合にも土俵下になったり土俵上になったりしているが、同じことは秀ノ山の土俵入りでも見られる。3名の横綱土俵入りで、太刀持ちと露払いがなぜ土俵下で控えたり土俵上で控えたりしているのか、その理由はわからない。どちらかの様式が一般的だったとしても、当時、2つの様式があったことは間違いないはずだ。いずれか1つの様式しかなかったのに、絵師が想像してもう1つの様式も描いたと考えるのは不自然である。
　雲龍の横綱土俵入りからは、太刀持ちと露払いは土俵上で控えている。明治の鬼面山までの土俵入りを描いた錦絵をいくつか示す。

（4）雲龍（文久元年（1861）9月〜元治2年（1864）2月）

　⑮　雲龍の土俵入りの図。国貞画。『江戸相撲錦絵』（p.62）／酒井著『日本相撲史（上）』（p.378）。
　　　太刀持ち・足代山で左側。露払い・田子ノ浦。両人とも土俵上にいる。

（5）不知火（光）（文久3年11月〜明治2年（1869）11月）[33]

　⑯　不知火（光）の土俵入りの図。国貞画。両人とも土俵上。『江戸相撲錦絵』（p.63）／酒井著『日本相撲史（上）』（p.378）。
　　　太刀持ち・君ヶ浜で右側。露払い・桑ノ弓。両人とも土俵上にいる。

（6）陣幕（慶応3年（1867）10月〜慶応3年11月）

33）　雲龍と不知火（光）が介添え2人と共に描かれた錦絵「勧進大相撲東西関取鏡」（国貞画、元治元年（1864）3月）がある（『江戸相撲錦絵』（pp.146-8））。この錦絵には土俵はないが、東西の力士、行司、呼出しなどが描かれている。両横綱の太刀持ち・足代山と君ヶ浜はそれぞれ、単独の土俵入りの錦絵同様に、横綱の左側に控えている。

⑰ 陣幕の土俵入りの図。国輝画。『江戸相撲錦絵』（p.64）。
太刀持ち・相生で左側。露払い・鯱ノ海。両人とも土俵上。

⑱ 陣幕の土俵入りの図。慶応元年1月。高橋筆。『陣幕久五郎通高事跡』
（挿入絵図）。
太刀持ち・相生で左側。露払い・鯱ノ海。両人とも土俵上。

　陣幕の土俵入りでは太刀持ちと露払いが土俵下で待機している錦絵もある。

⑲ 陣幕の土俵入りの図。国輝画。『相撲浮世絵』（p.77）／酒井著『日本相撲史（上）』（p.379）。
太刀持ち・相生で左側。露払い・鯱ノ海。両人とも土俵下。絵に慶応元年とあるが、それは正しくない。つまり、慶応3年以降に描かれている。

　これは事実を正しく反映していないようだ。というのは、陣幕は慶応元年にはまだ横綱免許を授与されていないからである[34]。それからこの錦絵は横綱自身が事前に絵師に依頼して描いてもらっている。横綱が誰かの横綱土俵入りの錦絵を見せて、それに似せて描くように依頼したのかもしれない。そのような背景を考慮すると、陣幕の頃には太刀持ちと露払いは土俵上で待機していたに違いない。

---

34) 『相撲浮世絵』（p.77）のキャプションでは「陣幕が注文して制作させ配布した版画で、画中の慶応元年免許は誤り」とある。なお、陣幕の土俵入りで露払いと太刀持ちが土俵下で控えている錦絵がある（学研『大相撲』（国輝画、pp.116-7）。これが事実を正しく反映しているかどうかは吟味する必要がある。

第8章　露払いと太刀持ち

(7)　鬼面山（明治2年（1869）2月～明治3年11月）

⑳　鬼面山の土俵入りの図。明治2年。国輝画。『相撲浮世絵』（p.78）／
　　『江戸相撲錦絵』（p.65）。
　　太刀持ち・小柳で右側。露払い・五月山。両人とも土俵上。

　明治期になると、太刀持ちと露払いが土俵上で待機することが当たり前と
なっている。それが現在でも続いている。

7.　太刀持ちと露払いの座位

　現在、太刀持ちと露払いの待機位置は決まっている。つまり、太刀持ちは
横綱の右手側、露払いは左手側である。そのようになったのは昭和初期であ
る。はっきり定着したのは玉錦以降だが、宮城山のときにその兆しが見えて
いる。しかし、宮城山の頃はまだ定着していない。というのは、太刀持ちが
左手側になっている場合もあるからである。

　玉錦以前でも太刀持ちは横綱の右手になる場合が多いが、左手になってい
る場合もけっこうたくさんある。それが何に起因するかははっきりしない。
横綱の好みによるのか、横綱が登場する花道の方向によるのか、それとも気
まぐれによるのか、はっきりしないのである。これに関しては、文献でも指
摘されることがある。少なくとも2つの見方がある。

①　「好み」によるもの。たとえば、枡岡・花坂著『相撲講本』の「第四
　　節　登場例式」（pp.458-70）。
　　「横綱単独にあらずして、三者列立供覧の場合は太刀持ちを横綱の右
　　にするのが例のようである。これは剣道の形の初めに、上座に向かい
　　礼をなすに刀を右に捧げるの意と同断であろう。しかし、これにも常
　　陸山が太刀持ちを左にする異例がある。著者等の実見によれば常陸山

195

の亜流の、大錦、栃木山、常の花のいづれもがこの式であった。（中略）太刀持ちの座位、列位は常陸山流は左し、その他は右という例を見るのである。このことは常陸山流が『横綱は第一人者なり』の信念の表白として見るべく、他は故実家たる立合い行司『土俵入り即供覧式』なる解釈より出たることと思う。」(pp.467-8)

　この本では太刀持ちの座位が「横綱の好み」によるものとして明確に述べてあるのではない。太刀持ちが右側の場合もあるし、左側の場合もあると述べてある。横綱が登場する花道によって太刀持ちの座位が決まるということも述べていない。右側に座位するのが常道だが、供覧を強調して左にすることもあると述べてあるだけである。

　② 登場する花道によるもの。たとえば、『横綱物語』（H5）、ゴング格闘技10月号増刊、日本スポーツ出版社）。
　　「土俵入りの際の位置だが、現在では横綱の右に太刀持ち、左に露払いが占めるのが慣例になっている。従って、西方の場合には花道を入場してくるそのままの順番で並べばいいが、東方の場合には土俵下で露払いと太刀持ちが入れ替わる。昭和初期まではこの位置がまちまちだった。」(p.73)

　この立場によると、登場する花道によって2人の位置が決まるので、太刀持ちの座位は自動的に決まることになる。これは実際と一致するだろうか。番付で横綱が2人以下なら、登場する花道も決まっているので、太刀持ちの位置も固定していることになる。番付と位置を照合すれば、それが正しいかどうかを判断できる。これが事実なら、横綱が登場する花道を見ればよいことになる。しかし、事実はそれに必ずしも一致していないようだ。それに加えて、横綱土俵入りの記念写真などで見ると、花道がなかったとき、太刀持ちの位置が必ずしも固定していないのである。介添え役2人の位置は横綱の好みを反映しているように見える。本場所であろうと記念写真であろうと、

196

第8章　露払いと太刀持ち

介添え役2人の位置は横綱によってほとんど同じなのである。

　本章は、太刀持ちと露払いの座位は横綱の好みによるのが大きいという立場である。太刀持ちが右側に在位する横綱の場合も、花道が常に固定して左の花道だったとは言い切れない。また、太刀持ちが左側に座位する横綱も常に東の花道だったとは言い切れない。花道とは関係ない引退土俵入りの記念写真などを見ても、本場所と同じ位置に座位するのが普通である。ただ、同じ横綱が左右のいずれも座位していた場合、それが花道によって決まったのかどうかはわからない。それがなぜなのかがはっきりしないのである。そのときの横綱の「気まぐれ」なのか、何か特別の理由があるのかははっきりしない。

　文政期の阿武松以降昭和の宮城山まで太刀持ちと露払いの位置は固定していない。宮城山の土俵入りでは、太刀持ちは基本的に横綱の左手側だが、右手の場合もときどき見られる。

③　宮城山（大正11年（1922）4月〜昭和6年（1931）1月）
　　・太刀持ち・朝響で右側。露払い・阿久津川。『春場所相撲号』（昭和
　　　3年1月号）の口絵
　　・太刀持ち・朝響で右側。露払い・阿久津川。『春場所相撲号』（昭和
　　　3年1月号／昭和4年1月号）の口絵
　　・太刀持ち・朝響で左側。露払い・阿久津川。『春場所相撲号』（昭和
　　　4年1月号）の口絵
　　・太刀持ち・阿久津川で左側。露払い・朝響。『夏場所相撲号』（昭和
　　　4年5月号）の口絵
　　・太刀持ち・幡瀬川で左側。露払い・池田川。『夏場所相撲号』（昭和
　　　5年5月号）の口絵
　　・太刀持ち・雷ヶ峰で右側。露払い・幡瀬川。『春場所相撲号』（昭和
　　　6年1月号）の口絵／『国技大相撲の100傑』（昭和55年5月、講談社、
　　　p.82）。

197

太刀持ちが左手側になったり右手側になったりした理由は定かでない。本章では花道の方向による違いがあるかどうかを丹念に確認していない。そのため、その理由については今後の研究に俟つことにする。

宮城山の次に横綱になった玉錦以降は、太刀持ちの座位は定着している。つまり、太刀持ちは横綱の右手側、露払いは左手側である。それが現在でも続いている。

8. 今後の課題

本章ではこれまでと異なる指摘をしているが、この指摘は間違っているかもしれない。明確な証拠に必ずしも基づいていない場合があるからである。肝心な資料が乏しく、推測で論を進めていることもある。絵図はいくつかあっても、それが事実をそのまま反映しているとは限らない。そのような問題があることを強調しておきたい。本章で解決したかった疑問点を次に列挙しておく。

(1) 寛政元年11月に始まった横綱土俵入りでは露払いは登場しなかったと主張しているが、それは事実の即しているだろうか。

(2) 寛政3年6月の上覧相撲では太刀持ちは太刀を持っていなかったと主張しているが、それは正しいだろうか。

(3) 寛政4年まで本場所の横綱土俵入りでは横綱1人と太刀持ち1人だけが土俵上にいたと仮定しているが、それは正しいだろうか。

(4) 1人の横綱が土俵入りをしているとき、もう1人の横綱も同じ土俵上で待機している絵図がある。それは事実に即していないと本章では主張しているが、それは正しいだろうか。

(5) 横綱小野川は寛政5年か（1793）ら寛政9年まで1人横綱だったが、その間ずっと太刀持ちだけが介添えしていたのだろうか。それとも露払いも登場していたのだろうか。本章ではそれについて明確な主張をし

ていないが、事実はどうなっているだろうか。それを裏づける証拠は
ないだろうか。

(6) 太刀持ちと露払いが2人介添えしている錦絵は阿武松の横綱土俵入り
を描いた錦絵で確認できるが、露払いが登場したのは文政期だろう
か。それとも、寛政期の頃に登場し、その記憶があって文政期に受け
継がれたのだろうか。

(7) 寛政3年6月の上覧相撲では太刀持ちと露払いが登場している。しか
し、本場所ではそれ以降に登場している。そのように本章では見てい
る。これは事実に即しているだろうか。上覧相撲の影響を受けて、本
場所でも露払いが登場するようになったのだろうか。その逆は考えら
れないだろうか。

(8) 太刀持ちと露払いは秀ノ山の土俵入りまでは土俵下でも土俵上でも待
機している。それが土俵上に定着したのは大関雲龍からだと本章では
指摘しているが、それは正しいだろうか。

(9) 秀ノ山の土俵入りまでは介添えが土俵下と土俵上にいる錦絵がある。
錦絵は事実を正しく描いているのだろうか。それが事実を正しく反映
しているとすれば、それはどういう理由でそうなっているのだろう
か。

(10) 昭和初期の玉錦になってから、太刀持ちと露払いの座位は定着して
いる。それまでは、太刀持ちが右になったり、左になったりしてい
る。その指摘は正しいだろうか。

(11) 太刀持ちと露払いの座位がそれぞれ右になったり、左になったりし
ているが、そうなっているのは横綱の登場する花道の方向によるとい
う考えがある。その考えは正しいだろうか。横綱自身の好みによるか
もしれないと本章では指摘しているが、それは正しいだろうか。過去
の太刀持ちと露払いの座位には何か原則があったのだろうか。

このように、細々とした疑問があったが、その疑問に必ずしも答えていな
い。本章では解決したいことを述べたつもりである。もっと説得力のある証

拠が必要であることはわかっているが、活用できる資料には限界がある。たとえば、もし、いつか、寛政元年11月から寛政3年6月までの本場所で行われた横綱土俵入りを描いた錦絵が見つかり、それに露払いと太刀持ちが介添えし、2人が土俵下か土俵上のいずれで控えているかを明確に確認できれば、本章で提示した問題点はほとんど簡単に解決できる。その場合には、本章で述べてきたことを大幅に修正しなければならないだろう。

【追記】

　本書の出版を間近に控えていたとき、思いがけず不知火（光）の土俵入りでも介添え2人が土俵下に控えている錦絵があることがわかった。その錦絵は小冊子『相撲錦絵展』（田原町博物館編集、平成8年10月発行）に掲載されている（p.19）。それで、簡単に説明を加えておきたい。本書では雲龍の土俵入りから介添えは土俵上に控えるようになったと指摘したが、これは必ずしも正しくないかもしれない。もしこの錦絵が事実を正しく反映しているならば、不知火（光）の土俵入りでも2通りの土俵入りがあったことになるからである。そのような事実が実際にあったのかどうか、今のところ、わからない。もしそういうことがあったとすれば、本書で指摘したことは修正しなければならない。つまり、介添えが土俵上で控えるようになったのは雲龍以降ではなく、陣幕か鬼面山以降である。陣幕の土俵入りでも2通りの錦絵があるが、本書では土俵上に控えている錦絵だけが事実に即していると解釈している。不知火（光）の土俵入りはどうだろうか。これに関しては、問題提起をするだけに留め、今後の研究を俟つことにする。

参考文献

綾川五郎次（編）、『一味清風』、学生相撲道場設立事務所、1914（T3）。

荒木精之、『相撲道と吉田司家』、相撲司会、1959（S34）。

池田雅雄（編）、『写真図説相撲百年の歴史』、講談社、1970（S45）。

池田雅雄、『相撲の歴史』、平凡社、1977（S52）。

池田雅雄、『大相撲ものしり帖』、ベースボール・マガジン社、」1990（H2）。

茨城県立歴史館（編）、『すもう今昔』、茨城県立歴史館、2007（H18）。

『江戸相撲錦絵』（『VANVAN相撲界』（1986年新春号））、ベースボール・マガジン社。

大橋新太郎（編）、『相撲と芝居』、博文館、1900（M33）

岡敬孝（編）、『古今相撲大要』、報行社、1885（M18）。

窪寺紘一、『日本相撲大鑑』、新人物往来社、1992（H4）。

景山忠弘、『大相撲名鑑』、学習研究社、1996（H8）。

加藤隆世、『江戸時代の大相撲』、国民体力協会、1942（S17）。

金指基、『相撲大事典』、現代書館、2002（H13）。

上司小介、『相撲新書』、博文館、1899（M32）／復刻版、ベースボール・マガジン社。

北川博愛、『相撲と武士道』、浅草国技館、1911（M44）。

北出清五郎（監修）、『大相撲への招待』、講談社、1992（H4）。

木村喜平次、『相撲家伝鈔』、写本、1714（正徳4年）。

木村庄之助（20代、松翁）、『国技勧進相撲』、言霊書房、1942（S17）。

木村庄之助（29代、桜井春芳）、『一以貫之』、高知新聞、2002（H14）。

木村庄之助（36代）、『大相撲　行司さんのちょっといい話』、双葉社、2014（H26）。

『国技相撲のすべて』（別冊相撲夏季号）、昭和49年（1974）7月、ベースボール・マガジン社。

『国技相撲のすべて』（平成8年（1996）11月別冊相撲秋季号）、ベースボール・マガジン社。

酒井忠正、『日本相撲史』（上・中）、ベースボール・マガジン社、1956（S31）／1964（S39）。

堺市博物館（制作）、『相撲の歴史―境・相撲展記念図録―』、境・相撲展実行委員会、1998（H10）3月。

塩入太輔（編）、『相撲秘鑑』、厳々堂、1886（M19）。

式守伊之助（19代、高橋金太郎）、『軍配六十年』、1961（S36）。

杉浦善三、『相撲鑑』、昇進堂、1911（M44）。

『相撲』編集部、『大相撲大人物大事典』、ベースボール・マガジン社、2001（H13）。

『相撲浮世絵』（別冊相撲夏季号）、ベースボール・マガジン社、1981年6月（S56）。

『図録「日本相撲史」総覧』（別冊歴史読本）、新人物往来社、1992（H4）。

竹内誠、『相撲の歴史』、日本相撲協会相撲教習所、1993（H5）。

立川焉馬（撰）、『角觝詳説活金剛伝』（写本）、1828（文政11年）。

立川焉馬（撰）、『相撲節会銘々伝（初編上）』、天保16年（実際は弘化元年か2年）。

橘右橘、『図説　江戸文字入門』、河出書房新社、2007（H19）。

田原町博物館（編）、『相撲錦絵展』、田原町博物館発行、1996（H8）。

出羽海秀光、『私の相撲自伝』、ベースボール・マガジン社、1954（S29）。

戸谷太一（編）、『大相撲』、学習研究社、1977（S52）。（本書では「学研（発行）」として表す）

鳴戸政治、『大正時代の大相撲』、国民体力協会、1940（S15）。

根間弘海、『ここまで知って大相撲通』、グラフ社、1998（H10）。

根間弘海著・岩淵デボラ訳『Q＆A型式で相撲を知るSUMOキークエスチョン258』、洋販出版、1998（H10）。

根間弘海『大相撲と歩んだ行司人生51年』、33代木村庄之助と共著、英宝社、2006（H18）。

根間弘海、『大相撲行司の伝統と変化』、専修大学出版局、2010（H22）。

根間弘海、『大相撲行司の世界』、吉川弘文館、2011（H23）。

根間弘海、『大相撲行司の軍配房と土俵』、専修大学出版局、2012（H24）。

根間弘海、『大相撲の歴史に見る秘話とその検証』、専修大学出版局、2013（H25）。

参考文献

根間弘海、『大相撲行司の房色と賞罰』、専修大学出版局、2016（H28）。

根間弘海、『大相撲行司の軍配と空位』、専修大学出版局、2017（H29）。

肥後相撲協会、『本朝相撲之吉田司家』、1913（T2）。

ビックフォード、ローレンス、『相撲と浮世絵の世界』、講談社インターナショナル、1994（H6）。英語の書名はSUMO and the Woodblock Print Masters（by Lawrence Bickford）である。

藤島秀光、『力士時代の思い出』、国民体力協会、1941（S16）。

古河三樹、『江戸時代の大相撲』、国民体育大会、1942（S17）。

古河三樹、『江戸時代大相撲』、雄山閣、1968（S43）。

枡岡智・花坂吉兵衛、『相撲講本』（復刻版）、誠信出版社、1978（S53）／オリジナル版は1935（S10）。

三木愛花、『増補訂正日本角力史』、吉川弘文館、1909（M42）／『相撲史伝』、1901（M34）。

三木貞一・山田伊之助（編）、『相撲大観』、博文館、1902（M35）。

武蔵川喜偉、『武蔵川回顧録』、ベースボール・マガジン社、1974（S49）。

山田伊之助（編）、『相撲大全』、服部書店、1901（M34）。

山田義則、『華麗なる脇役』、文芸社、2011（H23）。

鎗田徳之助、『日本相撲伝』、大黒屋畫舖、1902（M35）。

雪の家漁叟記、『木村瀬平』、清和堂製、1898（M31）。（著者は鎗田徳之助の筆名。）

『横綱物語』（ゴング格闘技10月号増刊）、日本スポーツ出版社、1993（H5）。

吉田長善、『ちから草』、吉田司家、1967（S42）。

吉田長孝、『原点に還れ』、熊本出版文化会館、2010（H22）。

203

あとがき

　現在、木村庄之助の軍配房は総紫だが、以前は白糸1、2本混じりの准紫だったということを知ったときは本当にびっくり仰天した。その記憶があるためか、立行司の紫色の研究には常に何かワクワクする。総紫の前に准紫があったなら、それ以前はどういう房色だったのだろうか。疑問を解消するために、房色の歴史に取り組んでみると、迷路にはまり込んでしまったような感じがすることがある。この状態から早く抜け出したくて紫房に至る歴史的経緯を調べてきたのだが、いまだに脱しきれていない。本書では、文字資料や絵図資料などを駆使して准紫がいつ始まったのかを調べたが、その年月を特定することはできなかった。調査に終止符を打つことはできなかったが、誰かが近いうちに終止符を打つことを願っている。

　現在、木村庄之助は総紫だが、以前は式守伊之助と同様に、紫白房を使用していた時期もある。その「以前」とはいつの頃だろうか。それに興味があれば、その時期を特定できるかどうか、皆さんも文献を調べてみてはいかがだろうか。文政年間には9代庄之助に紫白打交紐が授与されたという文献がある。その真偽は行司研究の中ではあまり論議されてきていないが、やはり論議する価値はあるはずだと思う。なぜならそれは紫白がいつ頃始まったかに決着をつけることにつながるからだ。江戸末期には紫房の授与はまだ制度化されていない。つまり庄之助になれば、自動的に紫白が授与されるとは限らなかった。木村庄之助になっても、引退するまで朱房のままだった行司もいる。木村庄之助と式守伊之助が現在の房色に落ち着くまでの歴史的経緯をさらに詳しく調べると、房色に対する行司の深い関心が何となく理解できる。しかし深く調べれば調べるほど、知的好奇心が満たされるのと同時に、迷路の中に踏み込んでしまうこともある。調べが進んでも、解決できない問

題が自然に浮かんでくるからである。

　立行司の総紫房や紫白房だけでなく、どんなことであれ、現在の行司に関することは過去の流れを受け継いでいる。どのような流れがあって、現在の姿になっているかということに興味があれば、行司の研究は尽きることがない。その流れを一つ一つ調べるとなると、大変な労力と時間が必要になってくる。忍耐の持続も必要になる。行司に関して何か特定のことに関心をもつと、まずその歴史的経緯がどうなっていたかを調べることになる。現在は必ず過去と結びついている。突然何かが行われたとしても、それを行うには何らかの理由や原因があるはずだ。過去の出来事と結びつけてみると、意外とその理由がわかることがある。伝統だと言っても、まったく変化していないということはない。時代とともに少しずつ変化しているものである。その変化に注意していけば、見えなかったところが明確に見えてくることもある。

　特定の領域に関心を抱き、その答えを探し求めていても、過去の文献で答えが得られることもあるし、そうでないこともある。探し求めていることが過去において何も問題になっていなければ、答えが得られない場合が多い。過去にさかのぼって研究していても、すべて回答が得られるとは限らないのである。それは何を求めているかによって決まると言ってよいかもしれない。本書では過去の文献や資料の中で答えが得られそうなものに限定している。たとえば、総紫や紫白であれば、文献や資料もあり、始まりを特定できそうである。幸運があれば、実際に始まりの期日を特定できるかもしれない。しかし、それでも特定できないこともあるし、特定したと思ってもそれが結果的に間違っていることがある。本書で提案した期日が本当に正しいかどうかは、やはり今後の研究に俟たなければならない。

　本書は私の自宅マンションで毎月1回行われている大相撲談話会に刺激を受けて著したと言っても過言ではない。この談話会は相撲好き10人が集まり、大相撲の談義をするが、各自得意とする領域があり、その領域に関してはずば抜けた知識を持っている。そういうメンバーの談義を聞いていると、いくら努力してもその知識を超えることは不可能だと悟らざるを得ないが、同時に知的好奇心がわき、何かテーマが見つかれば徹底的に調べてみたくな

あとがき

ることも確かである。1つのテーマを調べているうちにもう1つのテーマが浮かぶこともある。本書では、その中から8つのテーマを選択し、それぞれを章ごとにまとめてある。大相撲談話会がなければ、おそらく本書を世に出すことはなかったに違いない。もちろん、談話会で本書にあるテーマをすべて論じたわけではない。メンバーの談義を聞いているうちに、取り組んでみたいテーマが浮かんできたのである。それが真実に近い。

大相撲談話会では両国の国技館で大相撲が開催されているときは、少なくとも1日はみなで観戦し、夜はチャンコ会を開いている。チャンコ会ではゲストを1人招待し、相撲に関するお話を質疑応答の形でお伺いすることになっている。もちろん、ゲストの職業に関するお話はもちろんのこと、相撲に関する裏話を聞くのもこの懇親会の楽しみである。これまでに招待したゲストを参考までに記しておくと、29代木村庄之助（2回）、30代木村庄之助、33代木村庄之助、35代木村庄之助、36代木村庄之助、37代木村庄之助、34代式守伊之助、40代式守伊之助、三役行司の式守勘太夫（11代）、幕下行司の木村悟志（現十両行司）、すもう瓦版『土俵』の斎藤健治編集長である。高砂部屋所属の行司木村悟志は談話会メンバーの水野貴司氏の紹介である。今後も行司を中心に、相撲関係者を招くことになっている。ゲストが主に行司になっているのは、私が行司の研究を長年続け、行司部屋に直接お伺いし、顔見知りになっているからである。この行司たちからじかに教えていただいたたくさんのことは、本書の中に直接・間接的に反映されている。このことを特に記し、ゲストの方々に改めて感謝の意を表しておきたい。

少し脱線するが、大相撲談話会は今後もしばらく続きそうである。約2年分の話題提供者がすでに決まっているからだ。隔月は前場所の振り返りや次の本場所の展望を語り合うが、隔月は特定の話題を中心に談義をすることになっている。話題提供は2カ月ごとに行われ、順当にいけば年に6人のメンバーが担当する。この順番が2年分決まっているので、少なくとも今後2年間、談話会は存続するに違いない。相撲好きは談話会の他に各種の相撲関連の催し物にも出かけており、傍から見ていても相撲が本当に好きだと感心するに違いない。つい最近では、この談話会のことを知ったと言って、兵庫県

207

尼崎市からわざわざ談話会に出席した相撲好きの方（福田周一氏）がいた。談話会のメンバーに限らず、相撲好きは相撲の話になると目の色が輝くし、どこにでも出かけたくなる。一種のファン心理である。大相撲談話会はこのような相撲好きの集まりなので、相撲全般の話はもちろん、行司の話でも大いに花が咲く。それに刺激を受けるのは自然の成り行きである。しかし、テーマを論考の形にまとめていくにはそれなりの工夫が必要であり、私も今後従来どおり持続できるかどうかまったくわからない。

　談話会のことはこれくらいにして、話を元に戻そう。原稿の執筆を書き終えても、それが本の形になって出版できるようになるには、出版社の方々のご尽力があることはもちろんである。「まえがき」でも触れているが、やはりここでも専修大学出版局の笹岡編集長と真下編集者には特別にお世話になった。編集長は本全体の総責任者として、また真下女史は編集のこまごまとした仕事の総責任者として絶えず気配りをしてくださった。これまでにも、もちろん、出版局には同様にお世話になったが、それは今回も変わりなく続いた。ここでもまた、改めて感謝の意を表しておきたい。

　本書が行司をテーマにする私の最後の本である。行司に関する論考をいくつかまとめて本にして出版したが、いつの間にか専修大学出版局からは全部で6部となった。多くの場合、行司をテーマにしていることから、全体的には行司のシリーズ本みたいになっている。しかし、決してシリーズ本ではない。それぞれが独立した行司の本になっている。最初から連作を目指して執筆したのではなく、結果として連作になっているだけである。その連作には系統立てた一貫性は見られない。

　行司を研究していくうちに取り上げてみたいテーマが浮かぶことがある。それについて調べているとまた別のテーマが浮かんでくる。その繰り返しで研究を重ねてきた。振り返ると、結果として6部の本になっている。そういう感じがする。一つの本を仕上げ、次の本に取りかかるというより、別々のテーマを研究しているうちに一つの本がまとまった感じである。一つの論考をまとめるのは楽しみでもあり、苦しみでもあったが、形になるとやはり感慨深いものだった。新しい考えを披露するときは不安もあった。これも素直

あとがき

に告白しておきたい。

　今でも、解決してみたいテーマがいくつかある。研究テーマは尽きることがない。しかし、それを解決しようとすると、資料に当たらなければならない。壁にぶつかることは目に見えている。その壁を乗り越えるだけの気力や体力はまだ残っているだろうか。実は、どうやら残っていないというのが現状である。それぞれの本の中ではほとんどの章末に「今後の課題」として一つの項を設けてある。その課題は今後確認したいものであったり、未解決のものであったり、今後の研究に希望を託したものであったり、いろいろである。今後の研究の手がかりとなれば、望外の喜びである。

　私は研究テーマの一つとして「房色」に関連することに関心を払ってきたが、現在でも心残りのする課題がある。それは紅白房と青白房の出現時期の特定である。これに関しては別の拙著の「あとがき」でも言及してあるが、やはりまだ解決していない。江戸末期にこの二つの房色は出現したはずだが、その暦年をまだ特定できてない。錦絵が見つかれば理想的だが、紫房か朱房ばかりが描かれている。古文書に房色の描写があるかもしれないと思い、それを探しているがまだ幸運に恵まれていない。実は、この二つの房色だけでなく、他の房色にも解決したいことがたくさんある。それについても、多くの場合、章末の「今後の課題」に記してある。

　青白房に関してはもう一つ気になっていることがある。それは「青白色」と「青色」の順序である。紫白房や紅白房ではその上位に紫や朱（免許状では紅色としている）があり、それに白をまぜている。つまり、紫や朱が上位の色で、紫白や紅白は下位の色である。ところが、青房と青白房ではその順序が逆になっている。つまり、青白房が上位にあり、青房は下位になっている。なぜそのような逆転現象が起きたのだろうか。しかも、歴史的に見ても、青房が青白房より上位に位置づけされた形跡はない。青房は明治43年5月に初めて確認される（たとえば『都新聞』の「改正された行司の服装」）。青白房はそれ以前から十両格の色として使われていた。青房が十両格以上の行司に使われていた形跡はない。すなわち、明治43年5月以前、青色は行司の房色として使用されていなかった。

209

青白房の出現時期は、今のところ不明だが、それが紅白房の出現時期と同じだったのか、それとも異なっていたのかも気になる。つまり、2つの色分けは同時に起こったのだろうか、それとも別々に起こったのだろうか。現在の房色のうち、たとえば、総紫房と紫白房も同じ時期に現れたわけではない。立行司の「紫房」の場合、紫白房が先で、総紫房は後で現れている。総紫房の前には白糸が少し混じった准紫房の時期もあった。朱房と紅白房を比べれば、朱房が先に現れているのは確かだ。紅白房と青白房の場合はどうだろうか。現れた順序に違いがあっただろうか、それとも同時に現れたのだろうか。これまでのところ、2つの色分けが行われた順序に関して真面目に論議されたことがない。そのことはずっと気になっていたが、今のところ、未解決のままである。2つの房色の現れた暦年が特定できれば、それは簡単に解決できるはずだ。そういう意味で、紅白房にしても青白房にしても、それがいつ現れたかを特定することは大切である。

　拙著は行司に関する研究の糸口を提供しているだけである。これまでに行司に焦点を絞った本は非常に少なかった。拙著がそれを深く掘り下げて研究している。行司の世界にも未解明の領域がたくさんある。光を当ててみると、はっきり見えることもたくさんあるが、何かにさえぎられてはっきり見えないのもまだたくさんある。たとえば、拙著では紫房に4つの異種があったと指摘しているが、歴史的にその出現した時期や適用範囲などに関してはまだ明確でない点もある。もっと深く調べれば、もっと確かなことがわかるはずだ。

　拙著6部とも行司に関することを扱っているが、本によって内容に誤りがあることも確かだ。最初の頃の本で誤りがあった場合、後の本で修正するよう努めてある。もし最初の本で誤りがあれば、それは後の本で修正されているかもしれない。研究を重ねているうちに私自身の考えに変化があったり、事実を間違って解釈したりしている場合がときどきあった。過去の出来事を調べていると、思いもよらない資料に出会うことがある。論考を発表した後でそのような資料に出会うと、論考そのものを消し去りたい気分になる。しかし、それは後の祭りである。正直に告白すれば、そのような事態に陥った

210

あとがき

ことは幾度となくあった。拙著の場合、同じようなテーマを扱っていれば後の拙著が最新版である。そういう意味で、同じテーマであれば拙著をいくつか見較べることを勧める。

拙著と拙稿

　これまで行司に関する拙著は9冊、拙稿は56篇を公的にしてきた。それを次に列挙する。拙稿には拙著に中に組み入れたものも少なくない。これらの拙著や拙稿は公的機関を通せば、比較的簡単に入手できる。そのための情報は詳しく記してある。

【拙著】
(1)　1998、『ここまで知って大相撲通』、グラフ社、237頁。
(2)　1998、『Q&A形式で相撲を知るSUMOキークエスチョン258』（岩淵デボラ訳）、洋販出版、205頁。
(3)　2006、『大相撲と歩んだ行司人生51年』、33代木村庄之助と共著、英宝社、179頁。
(4)　2010、『大相撲行司の伝統と変化』、専修大学出版局、368頁。
(5)　2011、『大相撲行司の世界』、吉川弘文館、193頁。
(6)　2012、『大相撲行司の軍配房と土俵』、専修大学出版局、300頁。
(7)　2013、『大相撲の歴史に見る秘話とその検証』、専修大学出版局、283頁。
(8)　2016、『大相撲行司の房色と賞罰』、専修大学出版局、193頁。
(9)　2017、『大相撲立行司の軍配と空位』、専修大学出版局、243頁。

【拙稿】
(1)　2003、「相撲の軍配」『専修大学人文科学年報』第33号、pp.91-123。
(2)　2003、「行司の作法」『専修人文論集』第73号、pp.281-310。
(3)　2003、「行司の触れごと」『専修大学人文科学研究所月報』第207号、pp.18-41。
(4)　2004、「土俵祭の作法」『専修人文論集』第74号、pp.115-41。

212

拙著と拙稿

(5) 2004、「行司の改姓」『専修大学人文科学研究所月報』第211号、pp.9-35。

(6) 2004、「土俵祭の祝詞と神々」『専修人文論集』第75号、pp.149-77。

(7) 2005、「由緒ある行司名」『専修人文論集』第76号、pp.67-96。

(8) 2005、「土俵入りの太刀持ちと行司」『専修経営学論集』第80号、pp.169-203。

(9) 2005、「行司の改名」『専修大学人文科学研究所月報』第218号、pp.39-63。

(10) 2005、「軍配の握り方を巡って（上）」『相撲趣味』第146号、pp.42-53。

(11) 2005、「軍配の握り方を巡って（中）」『相撲趣味』第147号、pp.13-21。

(12) 2005、「軍配房の長さ」『専修人文論集』第77号、pp.269-96。

(13) 2005、「軍配房の色」『専修経営学論集』第81号、pp.149-79。

(14) 2005、「四本柱の色」『専修経営学論集』第81号、pp.103-47。

(15) 2005、「軍配の握り方を巡って（下）」『相撲趣味』第148号、pp.32-51。

(16) 2006、「南部相撲の四角土俵と丸土俵」『専修経営学論集』第82号、pp.131-62。

(17) 2006、「軍配の型」『専修経営学論集』第82号、pp.163-201。

(18) 2006、「譲り団扇」『専修大学人文科学研究所月報』第233号、pp.39-65。』。

(19) 2006、「天正8年の相撲由来記」『相撲趣味』第149号、pp.14-33。

(20) 2006、「土俵の構築」『専修人文論集』第79号、pp.29-54。

(21) 2006、「土俵の揚巻」『専修経営学論集』第83号、pp.245-76。

(22) 2007、「幕下格以下行司の階級色」『専修経営学論集』第84号、pp.219-40。

(23) 2007、「行司と草履」『専修経営学論集』第84号、pp.185-218。

(24) 2007、「謎の絵は南部相撲ではない」『専修人文論集』第80号、pp.1-

30。

(25) 2007、「立行司の階級色」『専修人文論集』第81号、pp.67-97。

(26) 2007、「座布団投げ」『専修経営学論集』第85号、pp.79-106。

(27) 2007、「緋房と草履」『専修経営学論集』第85号、pp.43-78。

(28) 2008、「行司の黒星と規定」『専修人文論集』第82号、pp.155-80。

(29) 2008、「土俵の屋根」『専修経営学論集』第86号、pp.89-130。

(30) 2008、「明治43年5月以降の紫と紫白」『専修人文論集』第83号、pp.259-96。

(31) 2008、「明治43年以前の紫房は紫白だった」『専修経営学論集』第87号、pp.77-126。

(32) 2009、「昭和初期の番付と行司」『専修経営学論集』第88号、pp.123-57。

(33) 2009、「行司の帯刀」『専修人文論集』第84号、pp.283-313。

(34) 2009、「番付の行司」『専修大学人文科学年報』第39号、pp.137-62。

(35) 2009、「帯刀は切腹覚悟のシンボルではない」『専修人文論集』第85号、pp.117-51。

(36) 2009、「明治30年以降の番付と房の色」『専修経営学論集』第89号、pp.51-106。

(37) 2010、「大正時代の番付と房の色」『専修経営学論集』第90号、pp.207-58。

(38) 2010、「明治の立行司の席順」『専修経営学論集』第92号、pp.31-51。

(39) 2010、「改名した行司に聞く」『専修大学人文科学年報』第40号、pp.181-211。

(40) 2010、「立行司も明治11年には帯刀しなかった」『専修人文論集』第87号、pp.99-234。

(41) 2010、「草履の朱房行司と無草履の朱房行司」『専修経営学論集』第91号、pp.23-51。

(42) 2010、「上覧相撲の横綱土俵入りと行司の着用具」『専修経営学論集』第91号、pp.53-69。

(43) 2011、「天覧相撲と土俵入り」『専修人文論集』第88号、pp.229-64。

(44) 2011、「明治時代の四本柱の四色」『専修大学人文科学年報』第41号、pp.143-73。

(45) 2011、「行司の木村姓と式守姓の名乗り」『専修人文論集』第89号、pp.131-58。

(46) 2011、「現役行司の入門アンケート調査」『専修経営学論集』第91号、pp.1-28。

(47) 2012、「土俵三周の太鼓と触れ太鼓」『専修人文論集』第90号、pp.377-408。

(48) 2012、「明治と大正時代の立行司とその昇格年月」『専修大学人文科学年報』第42号、pp.123-52。

(49) 2012、「大正期の立行司を巡って」『専修経営学論集』第94号、pp.31-51。

(50) 2012、「大正末期の三名の朱房行司」『専修人文論集』第91号、pp.143-74。

(51) 2013、「江戸時代の行司の紫房と草履」『専修大学人文科学年報』第43号、pp.171-91。

(52) 2013、「足袋行司の出現と定着」『専修人文論集』第92号、pp.165-96。

(53) 2013、「十両以上の行司の軍配」『専修経営学論集』第96号、pp.49-69。

(54) 2015、「軍配左端支えと軍配房振り」『専修人文論集』第97号、pp.510-32。

(55) 2016、「紫房の異種」『専修人文論集』第99号、pp.479-515。

(56) 2017、「総紫房の出現」『専修人文論集』第101号、pp.201-24。

索　引

2種類の紫房　7

6代木村瀬平

　行司歴　148

　紫房　19

6代式守伊之助　28

　紫房　42

8代式守伊之助　31

9代木村庄之助の紫房　36

10日前に死んでいる行司伊之助　96

13代木村庄之助

　紫白　24

　紫房　40

14代木村庄之助　30

　紫房　45

15代木村庄之助

　紫房　4, 50

　もともとの紫房　7

16代木村庄之助

　引退せず　137

　木村松翁を襲名したか　138

　行司歴　145

　紫房　15

　体力が衰える　136

17代木村庄之助

　53ヶ年の土俵生活　94

　潔く辞職した立行司庄之助　93

　辞職　90

19代式守伊之助物語　88

23世追風善門　11

　【あ行】

東関と庄之助、相共に廃業届を提出

　91

新しき軍容、注目すべき変動　85

稲妻

　――と阿武松の取組　39

　――の土俵入りの図　189

伊之助襲名　87

伊之助と紫紐の帯用　42

伊之助の候補者　143

梅ケ谷

　――と西ノ海の取組　50

　――横綱土俵入之図　51

　横綱――の土俵入り　5

　若嶋と――の取組　49

雲龍の土俵入りの図　193

回向院大相撲　32

江戸時代の上覧相撲　109

延遼館小相撲天覧之図　53

大相撲取組之図　53

大鳴門と西ノ海の取組　50

阿武松の土俵入りの図　186

御濱延遼館於テ天覧角觝之図　50

怨霊の追弔会　87

【か行】

階級色の決定　71
改名した行司　164
改名と除名　85
華族会館角觝之図　4
角界刷新の急務は行司団の独立　93
角界に動ける新機運　94
勧進大相撲興業之図　39
勧進大相撲東西関取競　25, 41
寛政3年6月の上覧相撲　181
寛政元年11月から3年4月までの本場
　所　177
寛政元年11月の本場所　175
木戸書記係　171
木村松翁　135, 139, 140
　——とは　138
木村庄之助（16代）の引退　137
木村庄之助（17代）、引責して辞職す
　93
木村庄之助（18代）と式守与太夫の
　昇格　94
木村庄之助の候補者について　140
木村庄之助（20代）物語　128
木村誠道と式守伊之助　83
木村瀬平、紫房を免許せらる　20
木村瀬平以下行司の名誉　21
鬼面山
　——の土俵入りの図　195

　——横綱土俵入之図　42
行司4代に祟る猪王山等の霊　83
行司界革新の気を示す　93
行司側の言い分　105
行司庄之助の代り　136
行司生活51年　96
行司の紫房、司家より庄之助らに許可
　18, 20, 23, 37
行司
　一覧表　153, 154
　木村家と式守家　64
　——の造反劇　105
　——の反乱　105
　——の服制　68
　——の服装　67, 69
　紫房の古式　14, 18, 23, 28
　装束改正　65
行司服装の改正　67
軍配
　形　169
　握り　168
軍配の差違いから庄之助が罷る　90
軍配房　170
故木村瀬平の経歴　22
御免出世鏡（元治2年）　26, 41
御覧出世鏡（明治13年）　45
蒟蒻行司　137

【さ行】

境川横綱土俵入之図　44

217

式守伊之助（12代）の引退　94

式守伊之助と紫紐の帯用　25, 28,
　31, 61

式守伊之助の紫房　32

式守家

　──の川施餓鬼　84

　──を相続す　11, 16

　襲名問題　86

式守与太夫緋紐の事　18

紫白　3

紫白打交紐　63

紫白房　3

　──と准紫房の授与順序　33

襲名の苦情　140

主席行司　44

准紫　3

准紫房　3

　確認　61

　導入　8

松翁と一問一答　97

松翁とは何か　141

場内放送　171

庄之助（16代）引退せず　142

庄之助（16代）の跡目　70

庄之助（25代）はなぜやめた　107

不知火

　──と陣幕の取組　43

　──の土俵入りの図　190

　──横綱土俵入之図　43

新立行司、朝之助と与太夫　95

志ん版流行子供角力　26, 41

新聞記事に見る紫房　6

陣幕

　──の土俵入りの図　194

　──横綱土俵入之図　44

宿禰神社祭典大相撲之図　5

相撲行司木村庄之助死す　136

相撲行司の軍配　24, 27

角力珍談──今と昔物語　92

相撲の古格　51

相撲風俗（8）行司　71

責任感から庄之助、決然辞職す　90

先発書記　171

総紫　2

総紫房　2

【た行】

大正14年以降の裁いた番数　123

大正末期の立行司　95

祟っている名前　86

太刀持ち　173

　──座位　195

　──と露払い　173

　土俵下と土俵上の待機　189

立行司庄之助死す　143

楯山と梅ケ谷の取組　49

卵形　169

付き人表　153, 156

露払い　173

　土俵下と土俵上の待機　189

天覧角觝之図　50

索　　引

当時英雄取組ノ図　　23, 39
年寄名跡　　135
土俵入り
　　——と床几御免　　147
土俵上の挨拶　　171
土俵之図式　　179
取組表の行司名記載　　115

【な行】

錦絵と紫房　　4
西の海の横綱と木村庄之助の紫紐
　　26, 40, 54, 61
西ノ海
　　大鳴門と——の取組　　50
　　——の横綱土俵入り（明治23年）
　　53
　　——横綱土俵入り（明治25年）
　　53

【は行】

番付書き　　161
半々紫白　　3
半々紫白房　　3
秀ノ山の土俵入りの図　　192
緋と紫の染め分け　　17
瓢箪形　　169
副立行司　　104
房色の変更　　77
不思議に祟る伊之助襲名　　88

武士道を知る木村庄之助一代記　　94
ブル庄の狼狽　　137
平成22年以降の行司監督　　160
別番付　　145
鳳凰の横綱と瀬平の紫紐　　19
豊歳御代之栄　　48
本場所の露払いの登場　　186
本場所の役割分担表　　158

【ま行】

宮城山の土俵入り　　197
明治30年の准紫房　　10
明治36年5月の行司名鑑　　78
明治以降の天覧相撲　　111
明治相撲史——木村庄之助の一代
　　16, 73, 147
名門松翁の再興　　141
免許状
　　——の紫白打交紐　　1
　　——の文面　　73
もともとの紫房　　7

【や行】

役割分担表　　153
靖国神社臨時大祭之図　　54
弥生神社天覧角觝之図　　5
勇力御代之栄　　48
輸送係　　171
横綱及び行司格式のこと　　21

219

横綱授与

　——式　177

　——の図　178

横綱土俵入り

　——の故実　175

　——の図　179

横綱ノ図

　（小野川）　179

（谷風）　178

呼び出しの珍衣裳　70

【わ行】

若い行司の言葉　107

若嶋と梅ケ谷の取組　49

著者紹介

根 間 弘 海 (ねま　ひろみ)

　昭和18年生まれ。専修大学名誉教授。専門は英語音声学・音韻論。趣味は相撲（特に行司）とユダヤ教の研究。英語テキストと相撲に関する著書は共著を含め、本書で94冊目となる。

　相撲では『ここまで知って大相撲通』（グラフ社）、『SUMOキークエスチョン258』（岩淵デボラ英訳、洋販出版）、『大相撲と歩んだ行司人生51年』（33代木村庄之助共著、英宝社）、『大相撲行司の世界』（吉川弘文館）、『大相撲行司の伝統と変化』、『大相撲行司の軍配房と土俵』、『大相撲の歴史に見る秘話とその検証』、『大相撲行司の房色と賞罰』、『大相撲立行司の軍配と空位』（専修大学出版局）がある。

　英語では『英語の発音とリズム』（開拓社）、『英語はリズムだ！』、『リズムに乗せれば英語は話せる』（ブレーブン・スマイリー共著、創元社）、『こうすれば通じる英語の発音』（ブレーブン・スマイリー共著、ジャパンタイムズ）などがある。

大相撲立行司の名跡と総紫房

2018年2月28日　　第1版第1刷

著　者	根間　弘海
発行者	笹岡　五郎
発行所	専修大学出版局
	〒101-0051東京都千代田区神田神保町3-10-3
	㈱専大センチュリー内
	電話 03-3263-4230㈹
印　刷 製　本	亜細亜印刷株式会社

©Hiromi Nema 2018　Printed in Japan
ISBN978-4-88125-318-2

専修大学出版局の本

大相撲立行司の軍配と空位

根間弘海著

Ａ５判　258頁　本体2600円＋税　ISBN978-4-88125-316-8

大相撲行司の軍配の房色と形、文字資料と錦絵の関係性、行司の番付記載の様式の変遷、立行司の空位に関する７つの論考からなる大相撲行司研究本第５弾。ひと味違った側面から大相撲を楽しめる。

第１章　紫房の異種
第２章　准立行司と半々紫白
第３章　文字資料と錦絵
第４章　番付の行司
第５章　立行司の空位
第６章　軍配の形
第７章　相撲の軍配

大相撲行司の房色と賞罰

根間弘海著

Ａ５判　214頁　本体2600円＋税　ISBN978-4-88125-307-6

大相撲行司に関する７つの論考と戦後行司の年譜を掲載。丁寧に文献・資料をあたって考察された行司の軍配の房色と階級の関係性、行司の階級の昇降にはどのようなものがあったのかなど、大相撲を別の側面から考察する。

第１章　軍配左端支えと軍配房振り
第２章　軍配の房色
第３章　明治の立行司の紫房
第４章　行司の黒房と青房
第５章　行司の入れ替え
第６章　行司と賞罰規定
第７章　行司の反乱
第８章　行司の年譜

専修大学出版局の本

大相撲行司の軍配房と土俵

根間弘海著

Ａ５判　300頁　本体3200円＋税　ISBN978-4-88125-271-0

廃刀令後の行司の帯刀、上覧相撲・土俵祭り・取組みの際の行司の装束、朱房行司の草履の有無などの話題を文献や絵図資料から丁寧に考察していく。また、行司の改名や黒星についての解説など、大相撲行司の歴史を探る。

第1章　立行司も明治11年には帯刀しなかった
第2章　上覧相撲の横綱土俵入りと行司の着用具
第3章　明治17年の天覧相撲と現在の土俵入り
第4章　行司の黒星と相撲の規定
第5章　草履の朱房行司と無草履の朱房行司
第6章　行司の木村姓と式守姓の名乗り
第7章　行司の改名に関する研究
第8章　大正時代の番付と房の色

大相撲行司の伝統と変化

根間弘海著

Ａ５判　368頁　本体3600円＋税　ISBN978-4-88125-256-7

主に明治以降の大相撲行司について、軍配の握り方、「譲り団扇」の経緯、行司の帯刀、行司の階級色などさまざまな話題を文献や絵図資料などを使いながら、歴史的経緯を明らかにする。

第1章　軍配の握り方を巡って
第2章　譲り団扇
第3章　行司と草履
第4章　明治43年以前の紫房は紫白だった
第5章　幕下格以下行司の階級色
第6章　行司の帯刀
第7章　帯刀は切腹覚悟のシンボルではない
第8章　昭和初期の番付と行司
第9章　明治30年以降の番付と房の色